INVENTAIRE.
X 26,199

26199

# PETIT COURS
# D'EXERCICES DE LANGAGE

ET

# D'INTELLIGENCE

BASÉ SUR LES PROCÉDÉS INTUITIFS

ET

DÉDIÉ AUX INSTITUTEURS, INSTITUTRICES ET DIRECTRICES DE SALLES D'ASILE.

PAR

**THÉOPHILE HATT,**

NSTITUTEUR PUBLIC, LAURÉAT ET MEMBRE CORRESPONDANT DE LA SOCIÉTÉ D'ÉDUCATION
DE LYON.

«La connaissance du français usuel,
du français parlé, est le plus beau
présent qu'un maître puisse faire à ses
élèves.»

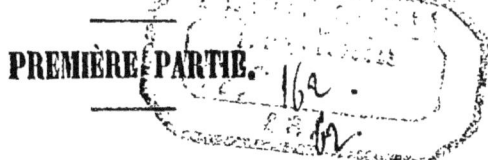

**PREMIÈRE PARTIE.**

LIBRAIRIE DE VEUVE BERGER-LEVRAULT ET FILS,

| PARIS, | STRASBOURG, |
|---|---|
| RUE DES SAINTS-PÈRES, 8. | RUE DES JUIFS, 26. |

1862.

Strasbourg, imprimerie de veuve Berger-Levrault.

# PRÉFACE.

Le petit Cours d'Exercices de langage et d'intelligence que nous offrons aujourd'hui à nos collègues, devait, d'après notre plan primitif, paraître par livraisons. Peu familiarisé alors avec les exigences typographiques, nous donnions toute notre attention au fond de notre travail, sans nous occuper des conditions matérielles qui pouvaient en assurer le succès. Mieux renseigné aujourd'hui, nous avons modifié nos vues, rétréci le cadre de notre publication et adopté une disposition qui, sans rien ôter de la valeur intrinsèque de notre ouvrage, donnera satisfaction complète à toutes les exigences légitimes.

Sous cette nouvelle forme, et malgré notre vif désir de faire le mieux possible, notre travail laisse sans doute encore beaucoup à désirer, aussi prenons-nous la liberté de prier nos collègues de bien vouloir nous communiquer leurs observations critiques ; nous les recevrons avec reconnaissance et les mettrons à profit dans les éditions subséquentes.

Puisse notre modeste petit ouvrage recevoir partout l'accueil bienveillant que mérite un travail fait en vue du bien; puissent les procédés qu'il conseille être appliqués avec zèle et intelligence, alors les progrès ne se feront pas attendre et nous ne regretterons pas d'avoir consacré à une tâche stérile, une bonne partie de nos loisirs.

Pfaffenhoffen, juin 1858.

Th. Hatt.

# INTRODUCTION.

La langue française a fait, on ne saurait le nier, dans les dix dernières années surtout, de grands progrès en Alsace; et si elle n'est pas encore devenue la langue du peuple, les résultats obtenus permettent au moins d'espérer que, dans un avenir prochain, on ne rencontrera plus dans notre belle province qu'un nombre très-limité de personnes auxquelles cette langue ne soit pas familière.

Différentes causes ont contribué à hâter ce progrès; c'est, d'un côté, l'extension des relations commerciales et industrielles, favorisées par des voies de communication plus rapides et plus commodes; c'est, d'autre part, la vie militaire à laquelle chaque année un grand nombre de jeunes gens sont appelés; mais c'est surtout l'œuvre d'une Administration sage, éclairée, dont les vues patriotiques ont été secondées, réalisées par le dévouement intelligent d'une phalange de nobles travailleurs qui, depuis le savant professeur de faculté jusqu'à l'humble directrice de salle d'asile, ont consacré à cette grande et belle tâche leur talent, leurs forces, leur vie.

Que cette grande œuvre ne se soit pas accomplie plus vite, faut-il s'en étonner, et doit-on se ranger de l'opinion de ceux qui prétendent que les habitants de l'Alsace éprouvent de l'antipathie pour le français, qu'ils sont plus ou moins imbus de l'esprit germanique? On ne saurait nier que l'introduction de notre langue nationale ait eu à lutter pendant un instant contre certains préjugés; mais l'histoire est là pour prouver que le patriotisme n'a jamais fait défaut aux Alsaciens. Il faut donc chercher ailleurs le mot de l'énigme. Nous croyons que les véritables causes qui ont empêché le français de se répandre plus vite sont:

1° Les difficultés réelles inhérentes à la chose même;

2° L'organisation défectueuse de la plupart des écoles de campagne;

3° Enfin et surtout la mauvaise méthode dont on se servait partout.

Nous parlons à des maîtres, à des hommes qui connaissent par expérience ce qu'il faut de travail, de soins, de patience presque surhumaine, rien que pour enseigner aux enfants à exprimer en français les idées les plus simples, les plus ordinaires; mais, on le sait, la tâche de l'instituteur n'est que commencée tant que les élèves ne connaissent pas à peu près tous les termes qu'emploie la conversation de tous les jours, tant qu'ils ne sont pas parvenus à dire et à écrire facilement et correctement tout ce qui est du domaine de l'intelligence d'un écolier.[1]

Le second point ne présentait pas à la propagation du français des obstacles moins sérieux. Quelle situa-

---

1. Un brave et digne Alsacien, d'un caractère très-respectable et d'une intelligence distinguée, nous voyant un jour occupé à préparer des exercices de langage, en prit matière pour discuter la question de l'introduction du français en Alsace; il nous dit entre autres: « Dans votre pensée, quelle part faites-vous donc à l'allemand; voudriez-vous qu'il fût entièrement remplacé par le français? — Voici quelle fut notre réponse: «Les instituteurs alsaciens n'ont nullement

tion déplorable que celle de la plupart des écoles avant la promulgation de la loi de 1833 ; était-il possible qu'avec une organisation aussi défectueuse on obtînt quelques résultats ? Et qu'on pense à la manière dont les écoles étaient fréquentées pendant la plus grande partie de l'année ; le maître intelligent, consciencieux pouvait-il dans ces tristes circonstances réaliser les inspirations de son cœur ? Et quels étaient les moyens d'enseignement mis à la disposition du maître, où prendre les livres nécessaires, etc. ?

Semblable au vent du printemps dont la tiède haleine réveille et ranime les germes engourdis par un long hiver, la loi sur l'enseignement primaire vint échauffer le cœur des instituteurs, transformer les écoles et donner de la vie à un organisme qui jusqu'alors n'avait que trop ressemblé à un cadavre. Dès lors une impulsion salutaire est donnée à l'enseignement de toutes les matières du programme scolaire ; le français surtout fixe l'attention des instituteurs ; le législateur en a fait une matière obligatoire ; l'administration redouble de zèle et de vigilance, elle ramène sans cesse le regard des maîtres sur ce point important, les pousse en avant, les encourage ; le patriotisme reconnaissant des instituteurs fait le reste, et

---

l'intention d'extirper la langue allemande ; loin de là, ils disent avec un des recteurs les plus distingués de notre académie : « Si l'allemand n'était pas introduit en Alsace, il faudrait l'y introduire. » Mais ils veulent que leurs élèves parlent le français avec la même facilité que leur langue maternelle ; voilà pourquoi, sans négliger l'allemand, ils se donnent tant de peine pour propager le français, dont ils veulent faire une seconde langue maternelle. »

on travaille avec ardeur à la propagation de la langue nationale, que les événements politiques mêmes venaient de faire aimer davantage. Malheureusement le succès était loin de répondre aux espérances qu'on avait conçues. Malgré leur zèle, les maîtres ne pouvaient s'empêcher de dire tout bas : « cela ne marche pas ! » et l'administration répétait à haute voix cette désolante vérité. Et pourquoi donc le progrès ne venait-il pas récompenser des efforts si méritoires ? — C'est qu'on employait une mauvaise méthode. Cette méthode consistait à apprendre le français au moyen de l'allemand, par la *traduction:* méthode malheureuse, longue, aride, stérile, méthode impossible dirions-nous presque.

Nous sommes loin de méconnaître les services que des auteurs bien intentionnés ont rendus aux écoles par la publication de livres de traduction, conçus d'après un plan raisonné, suivi, méthodique; mais les ouvrages les plus parfaits en ce genre n'apprenaient aux élèves qu'à faire des traductions, ils ne leur apprenaient pas à parler. Or, *parler*, c'est le premier besoin de l'être raisonnable, et *s'exprimer couramment en français*, tel est le résultat qu'il s'agissait d'atteindre tout d'abord.

Cette méthode de traductions devait sembler parfaitement naturelle aux instituteurs; ne l'employait-on pas dans tous les établissements d'instruction secondaire sans exception, pour l'enseignement du grec et du latin, pourquoi ne devait-elle pas être également propre à enseigner le français ? L'expérience est venue détruire ce préjugé et prouver que les langues vivantes ne s'apprennent rapidement et conformément à leur génie qu'au moyen de la langue même qu'il s'agit d'enseigner.

Nous ignorons si, avant M. Vivien, d'autres personnes déjà ont eu l'idée d'enseigner le français par le français; mais nous savons parfaitement que l'honneur d'avoir répandu cette excellente méthode en Alsace revient entièrement à ce pédagogue distingué qui, comme directeur de l'école normale de Strasbourg d'abord et comme recteur du Haut-Rhin ensuite, a rendu à la cause de l'instruction primaire d'inappréciables services.[1]

C'est à cette méthode vraiment rationnelle qu'est dû l'état prospère de la langue française dans un grand nombre d'écoles; c'est grâce à elle que bientôt tous nos enfants parleront avec facilité ce bel idiome. Désormais plus d'excuse, plus de refuge pour la routine : la loi a parlé, l'autorité veille, la route est tracée, il *faut* marcher.

La méthode en question est pratiquée depuis bien des années dans les bonnes écoles de l'Allemagne, sous le

---

1. Nous profitons de cette occasion pour faire observer que, comme tout le monde le sait d'ailleurs, cette méthode a été expérimentée, pratiquée à l'école primaire annexée à l'école normale. Nous nous ferions conscience de vouloir enlever la moindre partie de leur mérite aux maîtres distingués qui, sous l'inspiration de M. Vivien, ont mis par écrit les exercices élémentaires de la méthode en question; nous rendons à César ce qui appartient à César, mais nous repoussons, de la manière la plus énergique, l'accusation de plagiat qu'on nous a lancée fort gratuitement et de la valeur de laquelle chaque homme impartial pourra juger dorénavant en parfaite connaissance de cause.

nom de Sprach= und Denkübungen[1]; elle y est combinée à une suite de *procédés sensibles*, appelés *procédés*

---

1. La littérature pédagogique de l'Allemagne nous offre un grand nombre de publications destinées à vulgariser cette méthode; voici les titres des plus importantes :

Pestalozzi : „A B C der Anschauung; Anschauungslehre der Zahlenverhältnisse; das Buch der Mütter."

M. Wagner : „Lehrbuch für die Volksschule; 1ste Abtheilung."

H. v. Türk : „Die sinnlichen Wahrnehmungen als Grundlage des Unterrichts in der Muttersprache."

Wehrli : „Zehn Unterhaltungen eines Schulmeisters in der Schulstube. — Naturkundliche Unterhaltungen."

Dr J. H. G. Graßmann : „Anleitung zu Denk= und Sprechübungen, rc."

Dr Harnisch : „Erste faßliche Anweisung zum vollständigen deutschen Sprachunterrichte, rc."

W. Stern und J. Gersbach : „Anfänge des Unterrichts in Volksschulen."

Denzel : „Darstellung des Anschauungsunterrichts. (Einleitung in die Erziehungs= und Unterrichtslehre.)"

Wrage : „Denzels Entwurf des Anschauungsunterrichts in katechetischer Gedankenfolge, rc."

Scholz : „Uebungen im Anschauen, Denken, Reden und Aufschreiben."

Diesterweg : „Der Unterricht in der Kleinkinderschule."

Ehrlich : „Methodischer Leitfaden für Sprachbildungsübungen."

Grafer : „Die Elementarschule für's Leben, rc."

Dr Zerrenner : „Denkübungen; Hülfsbuch für Lehrer und Erzieher bei den Denkübungen; Handbuch zu Denk= und Sprechübungen."

Krug : „Denkschüler oder Anregungen für Kopf und Herz."

Krause : „Versuch planmäßiger und naturgemäßer Denkübungen."

Dr Dolz : „Katechetische Anleitung zu den ersten Denkübungen der Jugend."

Trautwein : „Der Anschauungsunterricht, rc."

Kellner : „Die Denkübungen als Vorschule des schriftlichen Gedankenausdruckes."

*intuitifs* ou *méthode d'intuition*, roulant en partie sur des objets matériels de diverse nature, en partie sur des tableaux d'images, composés tout spécialement pour cet usage.

Nos exercices de langage et d'intelligence sont calqués sur les Sprach- und Denkübungen : nous suivons une méthode analogue, nous employons des procédés identiques; mais, placé dans des circonstances différentes, nous avons dû adopter un plan spécial et nous tracer un cadre qui, nous le croyons du moins, fait de notre travail une publication parfaitement originale et unique dans notre langue.

Nous enseignons le français par le français et sans recourir à la *traduction*; mais cela est-il possible et, vraie en théorie, cette idée est-elle susceptible d'être mise en pratique? Les enfants alsaciens arrivent à l'école sans connaître un seul mot de français; vous ne voulez pas vous servir de l'intermédiaire de l'allemand, vous comprendront-ils? — Certainement oui : le sens des mots s'explique par les objets mêmes qu'ils désignent; ensuite vous avez à votre disposition le geste, l'expression de la figure, toute la mimique enfin. — La mère fait-elle autrement pour apprendre à parler à son enfant, emploie-t-elle par hasard la traduction? Elle montre les objets et les nomme; l'enfant les montre et les nomme à son tour et, après quelques répétitions, sa mémoire retient parfaitement les noms.

N'avons-nous pas là une méthode admirable, fournie par la nature elle-même, et le pédagogue le plus présomptueux oserait-il jamais se vanter d'avoir trouvé mieux? Donc point de *traduction* pour faire connaître aux enfants le sens des mots; nous nous servons de l'*intuition*, c'est infiniment plus simple, plus rationnel, plus intéressant.

Soit, nous objecte-t-on, votre procédé peut ne pas être mauvais tant qu'il s'agit d'objets matériels, de noms, de certains qualificatifs, de quelques pronoms, de verbes concrets; mais comment enseignerez-vous les mots abstraits de leur nature, les prépositions, les conjonctions, les adverbes? — Toujours en suivant la méthode maternelle : nous parlons par petites propositions, très-simples d'abord, devenant de plus en plus compliquées et plus complètes; n'employant jamais un mot isolément, un terme explique l'autre et, insensiblement, les enfants saisissent les rapports les plus délicats, le rôle que joue chaque mot de la proposition, rôle qu'il serait fort difficile et souvent même impossible de leur faire saisir par les explications les plus détaillées. Nous suivons d'ailleurs une marche rigoureusement méthodique, allant du simple au composé, du facile au difficile, du concret à l'abstrait, et nous trouvons dans la nature même de l'enfant, grâce à notre procédé, un auxiliaire très-puissant, l'*attention*, stimulée, excitée, entretenue par l'examen d'objets, dont la série sans cesse renaissante et variée jusqu'à l'infini, amène chaque jour, avec des notions nouvelles, un nouveau plaisir, et nous fournit le moyen d'étendre de plus en plus le cercle de notre activité.

Mais qu'est-ce donc, en définitive, que cette méthode intuitive, en quoi consiste-t-elle, que produit-elle?

Nous l'avons déjà dit en partie dans ce qui précède, on entend par procédés intuitifs l'art de parler à l'esprit au moyen d'impressions diverses qu'on fait sciemment éprouver aux sens extérieurs. Ces impressions sont aussi nombreuses et variées que les objets qui les produisent et que les organes qui leur servent de conducteurs. Prenons, en effet, le premier objet venu et soumettons-le aux explorations de nos sens. L'œil en distingue la couleur, la forme, la grandeur, la place qu'il occupe, la distance qui le sépare d'autres objets, l'épaisseur ; le toucher nous apprend si la surface en est polie ou rude, froide ou chaude, sèche ou humide, si le corps en question est mou ou dur, lourd ou léger ; l'oreille nous dit s'il s'agit d'un corps creux ou massif, et, suivant le degré de sonorité, de quelle matière il est fait ; le goût nous en fait connaître la saveur ; l'odorat, enfin, nous en apporte les émanations agréables ou désagréables. On le voit, chaque sens fournit à l'esprit certaines données qui, réunies, comparées, combinées entre elles, mettent l'intelligence et la raison en état de produire des idées nettes, d'établir des faits et d'en tirer des conséquences.

Il ne faudrait cependant pas croire que les procédés intuitifs exigent toujours l'application *directe* et *immédiate* des organes des sens sur le corps dont il s'agit ; il y a aussi une intuition *médiate, indirecte*. Pour faire connaître par intuition aux enfants *le lion*, par exemple, le maître peut leur montrer un *chat*, leur faire saisir sur cet animal les caractères anatomiques et physiologiques qui distinguent les carnassiers en général et le roi des animaux en particulier; montrer ensuite un bon dessin qui représente un lion, établir des comparaisons, et, avec un peu d'attention, les élèves auront acquis, par l'*intuition médiate* ou *indirecte,* une idée exacte du lion. De même, le lézard peut donner une idée du crocodile; l'âne du zèbre; le cochon du sanglier; le chien du loup, etc.

Voilà pour l'intuition *sensible* (impressions produites directement sur les sens), *matérielle* ou *externe;* mais il y a aussi une intuition *immatérielle, interne,* dont l'instrument est le *sens intime* (Selbstbewußtsein). Il ne s'agit plus ici d'objets matériels à examiner; nous nous trouvons dans le domaine de l'esprit, dans le monde des idées.

Insensiblement préparée par les exercices d'intuition sensible médiate, l'intuition interne s'exerce surtout dans l'enseignement de la langue, de la religion, de toutes les sciences qui sont plus spécialement du ressort des facultés supérieures de notre être spirituel. Les sens extérieurs exercent leur activité sur les objets physiques qui sont à leur portée et, par les sensations qu'ils transmettent à l'âme, ils provoquent le travail de l'esprit, qui observe, compare, juge; le sens intime s'occupe des phénomènes qui se passent dans notre âme même; il constate l'existence de certains sentiments, rassemble des faits et fournit à l'intelligence la matière nécessaire pour construire l'édifice de la pensée.

L'intuition interne est à l'intuition externe ce que l'âme est au corps, ce que la vie de l'âme est à la vie du corps.

On le remarque sans peine, il y a parité frappante entre les deux espèces d'intuitions dont nous venons de parler; l'une n'est que la conséquence de l'autre, et elles sont si bien liées entre elles qu'il est aussi difficile de les séparer que de séparer le corps d'avec l'âme.

Nous disons que la méthode intuitive est naturelle, conforme à notre organisation à la fois corporelle et spirituelle; il faut cependant ne pas croire qu'on l'ait appliquée de tout temps à l'enseignement. Sans doute, dans l'antiquité déjà la nécessité de se faire comprendre avait forcé les maîtres d'avoir recours à certains moyens matériels, mais ce n'est que dans les temps modernes (et c'est là une des gloires de la science pédagogique) que la saine raison est enfin parvenue, non sans peine, à bannir de l'enseignement élémentaire l'abstraction, l'aveugle culte de la mémoire, pour y introduire la notion concrète, au grand profit de l'intelligence et du sentiment.

L'auteur de l'*Orbis pictus*, que tout le monde connaît, et l'école des philanthropes (Basedow, de Rochow, Salzmann) ont, sans doute, fait des essais remarquables pour appliquer la méthode intuitive et, méconnaître leurs services sous ce rapport, serait une injustice; mais il n'en est pas moins vrai que *Pestalozzi est le véritable fondateur de l'enseignement intuitif.* C'est lui, c'est l'immortel fondateur de l'école d'Yverdun qui, par ses écrits et son exemple, a enseigné au monde comment il fallait se servir de cette admirable méthode dans les diverses branches du programme scolaire, et quels sont les avantages qu'on peut en retirer; c'est à lui qu'on doit tous les progrès que l'art de l'éducation a faits depuis et qu'il pourra encore faire dans les temps à venir. Honneur donc à la mémoire de ce noble instituteur!

Quant aux effets que la méthode intuitive produit nécessairement, quand elle est appliquée avec intelligence et discernement, ils sont aussi remarquables que précieux, le corps et l'esprit en profitent également.

Dans les premiers temps de notre existence nous vivons surtout par le corps; l'esprit, quoique présent, ne manifeste son activité que d'une manière imparfaite; il est plongé dans une espèce de léthargie, dont il ne sort qu'au bout d'un certain temps et grâce aux impressions qu'il reçoit par l'intermédiaire des organes du corps. Plus ces impressions seront nombreuses et bien conditionnées, plus vite et mieux s'opérera le développement spirituel. L'éducation des organes des sens est donc un point très-important, auquel il faut de bonne heure consacrer des soins assidus. Habituez l'œil à regarder; l'oreille à écouter, et vous préparez à l'esprit des instruments précieux, vous le conduisez à la vérité en le prémunissant contre l'erreur.

Il est vrai que l'éducation domestique commence ce travail préliminaire et que la nature elle-même y contribue largement; mais cette préparation fortuite, faite sans méthode ni plan préconçu, ne suffit pas, l'art pédagogique doit rectifier, compléter, achever l'œuvre et la conduire au but.

Les exercices d'intuition ont spécialement pour objet de cultiver les organes des sens, surtout la vue et l'ouïe; ils se recommandent donc déjà par cela même; mais ils présentent un autre caractère d'une portée immense en matière d'éducation, ils habituent l'esprit à l'*attention*. Sans attention, point de progrès possible; or, tout le monde sait que cette précieuse qualité manque généralement aux enfants. Mobiles et volages de leur nature, leur intelligence suit pour ainsi dire les allures de leur corps; courir d'un objet à l'autre, prendre l'un pour le quitter au même instant et en saisir un second qui ne les fixera pas davantage, n'est-ce pas là le résumé de leur vie tant au physique qu'au moral? Ils apportent naturellement cette fâcheuse disposition à l'école, et le premier soin de l'instituteur doit être de les en guérir. Quel remède employer? L'autorité du maître n'y suffit pas, la discipline, avec tout l'attirail de ses récompenses et de ses punitions, y échoue, à moins qu'elle n'appelle à son secours l'art d'*intéresser* la jeune intelligence.

L'éducateur intelligent connaît parfaitement cette disposition des jeunes élèves et, maître dans la vraie acception du mot, il sait habilement en tirer parti, et faire tourner au profit de son œuvre ce qui semblait devoir en rendre à jamais l'accomplissement impossible. Il fait appel à la curiosité du petit enfant; il lui fait voir, l'un après l'autre, une foule d'objets divers, les présente successivement sous leur aspect le plus attrayant et captive si bien l'attention de son élève que bientôt, fasciné, vaincu, il se laisse conduire avec la plus complète docilité. Au bout de peu de temps cet esprit rebelle, habitué à papillonner d'un objet à l'autre sans but ni profit, change d'allure; il se fixe, s'arrête avec intention, examine, regarde et, sans s'en douter, devient sérieux, réfléchi. C'est l'intuition qui a opéré cette métamorphose; l'intuition, seule capable de produire un pareil prodige. N'en serait-il pas ainsi, avons-nous exagéré peut-être? Essayez d'autres moyens, et vous verrez quel sera le résultat de vos peines.

Les procédés intuitifs, abstraction faite des notions utiles dont ils enrichissent l'esprit, forment donc les sens, habituent l'enfant à la réflexion, à l'attention, et exercent, par conséquent, sur l'ensemble de l'éducation la plus heureuse influence.

On reproche aux partisans de la méthode intuitive de matérialiser l'intelligence, de gêner l'essor de l'esprit, d'affaiblir le raisonnement, de mutiler l'esprit en l'habituant à marcher péniblement avec le secours de béquilles, semblable à un malade qui n'a pas la force de se tenir sur ses jambes. C'est là une accusation parfaitement gratuite. Sans doute, quand on abuse de l'intuition, quand on l'emploie sans discernement, quand on dépasse les limites qui lui sont assignées par le développement même de l'esprit, elle peut produire de fâcheux effets; mais n'en est-il pas de même de toute chose en ce bas monde, l'homme n'a-t-il pas le triste privilége d'abuser des meilleures choses, et un principe doit-il être réputé faux, parce qu'en le poussant à l'excès il aboutit à des conséquences désastreuses?

Quand doit-on avoir recours à l'intuition et à quelle époque les procédés intuitifs doivent-ils cesser.

Dans les premiers temps il faut toujours recourir à l'intuition, et plus tard toutes les fois que l'intelligence ne trouvera pas, dans les limites de son domaine, les données nécessaires pour se former une idée nette, exacte de l'objet en question. Parvenu à un certain degré de développement, l'esprit se guide au moyen de comparaisons, de rapports d'analogie et l'intuition directe est généralement superflue ; quant à l'intuition indirecte, on peut dire qu'elle ne cesse pour ainsi dire qu'avec la vie, car nous employons tous les jours, pour nous faire comprendre, des expressions figurées et des comparaisons qui, en définitive, ne sont autre chose que des intuitions médiates.

Nous trouvons superflu d'entrer dans plus de détails, cette rapide esquisse (qui n'a nullement la prétention d'avoir épuisé un si vaste sujet) suffit pour faire saisir notre idée.

C'est dans ces vues que nous avons rédigé notre travail. Il se compose de deux parties. La première, destinée aux salles d'asile et aux écoles du premier degré, s'occupe surtout d'amasser les matériaux du langage et de fournir à l'intelligence les notions élémentaires, les données fondamentales dont elle aura besoin dans la suite. La seconde partie, faite en vue des classes intermédiaires et supérieures, s'empare de la substance de tous les exercices précédents, et s'en sert pour en composer de plus parfaits, appelant sans cesse à son secours des ressources nouvelles, étendant insensiblement l'horizon de son domaine et s'élevant jusqu'au seuil des régions où trône la science.

Durant la longue suite de ces exercices, chaque page apporte avec des termes nouveaux, des connaissances nouvelles et, excitée, stimulée sans cesse, l'attention des élèves se soutient jusqu'au bout.

Nous avons autant que possible suivi une marche rigoureusement méthodique, les quelques écarts qu'on pourrait vouloir nous reprocher, n'ont été faits que pour éviter la monotonie et l'ennui qui en est la conséquence inévitable.

Le premier chapitre de la première partie est basé sur l'intuition sensible directe. Chaque exercice s'appuie sur un certain nombre d'objets matériels qui se trouvent à l'école ou qu'on peut y apporter sans peine. Nous avons de préférence choisi ceux des objets qu'on rencontre à peu près partout, laissant de côté ceux qu'on ne voit que dans certaines localités et sur lesquels chaque maître ou chaque maîtresse peuvent, s'ils le désirent, faire des exercices d'après le modèle de ceux que nous avons présentés.

Nous faisons observer en passant que la présence des objets en question est absolument indispensable ; sans eux nos petites leçons n'ont aucune valeur. — Quelques-uns de ces objets devront toujours rester à l'école, où bientôt leur ensemble formera une collection aussi variée qu'intéressante. Arrangé avec goût, sur des rayons, dans des casiers, ce petit dépôt, outre son utilité incontestable, formera un des ornements les plus convenables de la salle de classe et ne contribuera pas peu à en rendre le séjour agréable aux petits enfants.

Quant à ceux des objets qu'on ne peut pas se procurer pour le moment ou dont l'introduction à l'école serait par trop embarrassante, on pourra (à condition que les enfants les connaissent parfaitement) en citer le nom en allemand [1]; mais ce cas ne doit se présenter que très-rarement et être considéré comme une exception dont il faut bien se garder d'abuser.

Le deuxième chapitre est fondé sur l'intuition sensible indirecte. Nous nous sommes servi forcément de la collection de *tableaux d'après nature pour l'instruction de la jeunesse*, publiée par F. Schreiber d'Esslingen, et qui est introduite dans la plupart des écoles. Nous regrettons vivement que ces tableaux intuitifs ne soient pas faits avec plus de soin et composés avec plus de méthode. On y cherche en vain une foule d'objets indispensables, et on voudrait voir disparaître certains autres d'une utilité fort contestable. Espérons que, dans un avenir peu éloigné, quelque artiste dessinateur, guidé par un maître compétent, viendra combler ces lacunes, au grand plaisir des instituteurs et de leurs élèves; ce serait là une entreprise louable, qui produirait un bien réel.

Nous avons hâte d'arriver aux procédés d'après lesquels nos exercices doivent être conduits à l'école. Ces procédés sont au nombre de quatre.

1er *Procédé*. Le maître montre chaque objet et le

---

1. Cela ne veut certes pas dire que nous autorisions la traduction. Que faisons-nous, en effet? Nous nous servons d'un terme connu pour mettre devant les yeux de l'enfant l'objet que ce terme désigne, et lui faire saisir par là la valeur de l'équivalent français; c'est donc tout simplement un cas anticipé d'intuition indirecte. On remarquera d'ailleurs que nous ne donnons qu'un *nom* allemand et non une *proposition*.

nomme lentement, à haute voix. Les élèves regardent, écoutent et montrent ensuite le même objet, en le nommant lentement et distinctement.

**EXEMPLE.**

*Maître.* Voici un banc.
*Élève.* Voici un banc.
*Maître.* Voilà un encrier.
*Élève.* Voilà un encrier.

Que chaque enfant parle à son tour ou que l'instituteur trouve bon de les faire parler en chœur, il faut tenir scrupuleusement à une bonne prononciation : tout dépend de l'habitude qu'on prend dans les commencements surtout, et si le maître ne peut pas donner à ses élèves un accent irréprochable, au moins peut-il, avec quelques soins, parvenir à une prononciation qui ne choque pas trop l'oreille.

Dès que les enfants connaissent parfaitement l'exercice suivant le premier procédé, on passe au second.

$2^e$ *Procédé.* Le maître ne montre plus lui-même, il invite les élèves à montrer et à nommer les objets connus.

**EXEMPLE.**

*M.* Montrez un banc.
*É.* Voici un banc.
*M.* Montrez un encrier.
*É.* Voilà un encrier.

Quand les élèves se trompent, soit en montrant les objets, soit en prononçant de travers, le maître rectifie l'erreur et fait répéter ensuite. On peut aussi faire corriger par un enfant, cela éveille l'émulation.

On remarquera sans peine qu'avec une légère modification les divers exercices se prêtent à tous les procédés possibles. Tels qu'ils sont, et sans le moindre changement, ils constituent le premier procédé. A l'aide des mots « comment est, de quoi est fait, combien, à quoi sert, quelle est la forme, la couleur, etc., » chaque petite phrase forme une question et redevient ensuite la réponse des élèves. Cette disposition typographique nous a permis de resserrer de beaucoup le cadre de notre travail, en même temps qu'elle laisse plus de liberté aux mouvements propres de chaque maître.

3e *Procédé*. Après avoir montré et nommé les objets et les avoir fait montrer et nommer par les élèves, après avoir ensuite adressé toutes les questions dont chaque proposition est susceptible, le maître retourne le tableau et invite les élèves à lui dire chacun ce qu'il a retenu. Dès qu'un enfant a formulé dans sa tête la petite proposition qu'il veut énoncer, il lève le doigt et, sur un signe du maître, il parle lentement et à haute voix. S'il fait une faute, le maître le reprend, énonce lui-même la proposition dont il s'agit et fait répéter ensuite à l'élève qui a répondu ou à tous les élèves en chœur.

4e *Procédé*. Après un temps assez long, quand les élèves seront assez avancés, après deux ou trois ans (pendant ce temps les enfants auront appris à lire et à écrire), le maître réunit les plus avancés et, fondant ensemble toute la matière des exercices qui constituent une série (d'une *répétition* à l'autre), il en fait un exercice d'ensemble, et écrit au tableau noir les propositions les plus importantes de la leçon. Les enfants lisent ces propositions et les copient ensuite sur l'ardoise ou dans un cahier.

Nous n'avons pas besoin de faire remarquer que ce genre d'exercices est de la plus haute importance : c'est à la fois une leçon d'orthographe et un acheminement aux compositions de style.

Petit à petit les enfants acquièrent le degré de maturité nécessaire pour rédiger eux-mêmes la plupart des leçons, et alors seulement les exercices d'intelligence ont atteint le développement qui leur convient, alors aussi ils produisent tout leur effet, et le maître, voyant l'influence salutaire qu'ils exercent en tout sens, se trouve amplement dédommagé des peines qu'il s'est données pour arriver à ce point.

Quant à la matière qui constitue le fonds de nos exercices, elle est d'une richesse inépuisable, et embrasse, pour ainsi dire, l'univers entier. Nous partons de la salle d'école et de ce qu'elle renferme pour passer successivement en revue la maison paternelle et ses dépendances, la commune, la banlieue avec ses productions et ses habitants, la terre, la mer, le ciel, l'air, le feu, le corps humain, l'âme, la créature et le Créateur, les vertus et les vices, le commerce et l'industrie, les arts et les sciences ; nous exploitons toutes les richesses du monde ; nous explorons tous les domaines, et nous nous efforçons d'en tirer des notions utiles, des idées honnêtes, des sentiments louables, des principes moraux, et par là non-seulement nous instruisons nos élèves, bien plus, nous les élevons.

Après les leçons de religion, nous ne concevons pas d'enseignement plus fructueux, plus salutaire que les exercices d'intelligence, supposé toutefois qu'ils soient faits dans un bon esprit. Et, qu'on le remarque bien, il ne s'agit pas là d'introduire une innovation superflue, dangereuse, anti-pédagogique, contraire à l'esprit de nos institutions; loin de là, rien ne s'accorde mieux avec les vues de notre législation scolaire que précisément ces exercices; nous dirons plus, on sent tellement le besoin de semblables leçons que tous les hommes compétents en matière d'enseignement les réclament comme une impérieuse nécessité. Nous citons textuellement les paroles d'un des pédagogues pratiques les plus distingués de la France [1] :

« Mais, en dehors de ces matières (obligatoires), que de choses à faire connaître aux élèves, qui leur sont encore plus utiles que beaucoup de celles qu'on leur apprend! Nous sommes placés sur une terre où nous avons besoin de nous nourrir pour vivre, de nous loger et de nous vêtir pour nous abriter contre les intempéries des saisons ; laisserons-nous donc partir nos élèves sans leur avoir donné quelques-unes de ces notions qui peuvent nous mettre en garde contre les dangers qui menacent notre existence, nous empêcher de commettre des erreurs préjudiciables à notre fortune ou à notre santé, et contribuer à nous rendre la vie douce et commode? Nos élèves doivent nous quitter pour entrer dans le monde, où ils de-

---

[1] Journal des instituteurs, n° 15, 11 avril 1858 : «Comment un maître peut réformer sa classe,» 7ᵉ et dernier article.

vront tous travailler pour vivre, et où la plupart n'auront d'autres moyens d'existence que l'emploi de leurs bras et le secours de leur esprit : ne devons-nous donc pas les mettre en état de tirer le parti le plus avantageux de leur intelligence et de leurs forces, et leur apprendre à profiter de tous les secours que la nature met si généreusement à leur disposition ? »....

« Loin de nous cependant l'intention de proposer l'introduction, dans les écoles primaires, de cours méthodiques et complets de physique et de chimie, de mécanique ou d'astronomie, d'histoire naturelle ou d'hygiène, d'agriculture et d'industrie. Nous en aurions la pensée que la réalisation de cette idée serait tout simplement impossible ; les instituteurs n'auraient ni le temps ni le moyen de les faire, et les élèves auraient encore moins la possibilité de les suivre. Si nous voulons être réellement utiles à la société et aux élèves, sachons rester dans les bornes du possible.

« Mais, sans vouloir faire des cours suivis sur toutes les matières que nous venons d'indiquer, n'y a-t-il pas, dans les sciences qui s'y rapportent, des notions qu'il est utile à tout le monde de posséder, et que nous pouvons, sans peine, mettre à la portée des élèves ?.... Ce sont précisément ces notions qui leur donnent du goût pour l'instruction, en leur en faisant connaître l'utilité ; elles contribuent également à leur inspirer l'amour de l'école, parce qu'elles les intéressent ; elles piquent leur curiosité et elles satisfont leur esprit par le sentiment du parti qu'ils peuvent tirer de ces connaissances. ».... (J. J. Rapet.)

Ainsi, point de prétentions scientifiques dans nos leçons; nous en éloignons avec soin tout ce qui pourrait avoir l'air savant; nous voulons tout simplement éveiller l'esprit, faire penser, réfléchir, empêcher les enfants de parler au hasard, les habituer à se rendre compte de ce qu'ils voient, détruire les préjugés dont ils sont imbus, et les rendre meilleurs en agissant à la fois sur leur cœur et leur intelligence; leur faire admirer la beauté de la nature et adorer la bonté infinie du Père qui est dans les Cieux, Sa sagesse admirable et Sa puissance sans bornes. Nous voulons, enfin, contribuer, dans la mesure de nos forces, à la réalisation des excellentes vues exprimées par la circulaire du Ministre de l'instruction publique, en date du 20 août 1857 : « Quand on a rendu l'enseignement accessible, il reste à le rendre profitable. Il importe que les populations puissent toucher du doigt l'utilité pratique de l'instruction. On ne saurait se le dissimuler, le tour vague, abstrait, purement théorique de l'enseignement, est trop souvent l'une des causes de la désertion des classes. Pourquoi, dans les campagnes particulièrement, le chef de famille tiendrait-il à ce que les enfants fréquentent régulièrement l'école, si les heures qu'on y passe paraissent des heures mal employées; si la dépense qu'elle entraîne est, à ses yeux, une dépense stérile? Il faut, à tout prix, que les familles, les communes, les départements, l'État puissent se considérer comme amplement dédommagés, par les résultats, des sacrifices qu'ils auront accomplis. »

Tel est notre plan, telles sont nos intentions; Dieu

veuille que nous les remplissions de manière que les enfants et les maîtres en retirent de nombreux avantages, et que notre travail soit pour les uns l'occasion d'apprendre, sans trop de peine, une foule de choses utiles, en même temps qu'une noble et belle langue; pour les autres, le moyen de remplir mieux et avec moins de peine une partie de leur difficile mission !

# CHAPITRE PREMIER.

## Intuition matérielle, directe ou immédiate.

### 1ᵉʳ EXERCICE.
#### *Parties du corps.*

Voici[1] : La tête, les cheveux, le front, les yeux, le nez, la bouche, le menton, les joues, les oreilles, le cou. — La poitrine, le ventre, le dos, les épaules, les bras, les mains, les jambes, les pieds.

### 2ᵉ EXERCICE.

Voici : Les sourcils, les paupières, les cils, les dents, les gencives, les lèvres, les coudes, les poignets, les poings, les doigts, les ongles, les cuisses, les genoux, les jarrets, les mollets.

### 3ᵉ EXERCICE.

Voici : Les hanches, les doigts du pied, l'aisselle, les narines, les tempes, les pommettes des joues, la nuque, la gorge. — Le pouce, le petit doigt, la paume de la main, le cou-de-pied, la cheville du pied, le talon.

**Répétition.**

---

1. Après avoir fait pendant un temps assez long les exercices, en faisant précéder chaque nom des articles *le, la, les,* on pourra se servir des déterminatifs *mon, ma, mes.*

### 4ᵉ EXERCICE.
#### Objets d'habillement.

Voici : Mon pantalon, mon gilet, ma veste, ma blouse, ma cravate, ma chemise, mes souliers, mes bas, mes bottes, mes sabots, mes chaussons, ma casquette, mon mouchoir, mes gants, mon paletot, mes jarretières, mon manteau, ma robe, mon tablier, mon fichu, ma cravate, mes bottines, mon jupon, mon bonnet, mon manteau, ma pelisse.

### 5ᵉ EXERCICE.
#### Les doigts de la main.

Voici : Le pouce, l'index, le doigt du milieu, l'annulaire, le petit doigt. Les pouces, les index, les doigts du milieu, les annulaires, les petits doigts. L'ongle du pouce, l'ongle de l'index, l'ongle du doigt du milieu, l'ongle de l'annulaire, l'ongle du petit doigt.

**Répétition.**

### 6ᵉ EXERCICE.
#### Objets de la salle d'école.

Voilà : Un banc, un encrier, une ardoise, un tableau de lecture, un livre, une plume, un crayon, un sac à livres, un canif, un étui à plumes, une règle, un tableau d'images, une fenêtre, une vitre, une porte.— Une estrade, un fourneau, un tuyau de fourneau, une baguette, un mètre, une pendule, un morceau de craie, un tableau noir, une éponge, un torchon, une sonnette, un boulier. Le plafond, le plancher, le mur, un clou.

## 7ᵉ EXERCICE.

*Qualificatifs : gauche, droit.*

Voici : Ma main droite, ma main gauche; mon bras droit, mon bras gauche; ma joue droite, ma joue gauche; mon œil droit, mon œil gauche; mon oreille droite, mon oreille gauche; mon épaule droite, mon épaule gauche; mon coude droit, mon coude gauche; mon poing droit, mon poing gauche; mon pouce droit, mon pouce gauche; mon index droit, mon index gauche; ma hanche droite, ma hanche gauche; ma cuisse droite, ma cuisse gauche; mon genou droit, mon genou gauche; mon jarret droit, mon jarret gauche; ma jambe droite, ma jambe gauche; mon pied droit, mon pied gauche.

## 8ᵉ EXERCICE.

*Nombre des objets.*

Voilà : Un doigt, deux doigts, trois doigts, quatre doigts, cinq doigts, six doigts, sept doigts, huit doigts, neuf doigts, dix doigts. Un ongle, deux ongles, trois ongles, quatre ongles, cinq ongles, six ongles, sept ongles, huit ongles, neuf ongles, dix ongles. Un bouton, deux boutons, trois boutons, quatre boutons, cinq boutons, six boutons. Une boutonnière, deux boutonnières, trois boutonnières, quatre boutonnières, cinq boutonnières, six boutonnières. Une agrafe, deux agrafes, trois agrafes, quatre agrafes. Une ganse, deux ganses, trois ganses, quatre ganses. Un banc, deux bancs, trois bancs, quatre bancs, cinq bancs, six bancs, sept bancs, huit bancs. Une ardoise, deux ardoises, trois ardoises, quatre ardoises, cinq ardoises, six ardoises, sept ardoises, huit ardoises, neuf ardoises, dix ardoises.

### Répétition.

#### 9ᵉ EXERCICE.

*Forme des objets: carré, rond.*

(Le moniteur suit du doigt les contours des divers objets, les élèves l'imitent; ce n'est que de cette manière qu'ils comprennent bien.)

Voilà un livre. Ce livre est *carré*. Voilà un cahier. Ce cahier est *carré*. Voilà un tableau de lecture. Ce tableau de lecture est *carré*. Voilà une ardoise. Cette ardoise est *carrée*. Voilà un tableau noir. Ce tableau noir est *carré*. Voilà une vitre. Cette vitre est *carrée*. Voilà une fenêtre. Cette fenêtre est *carrée*. Voilà une porte. Cette porte est *carrée*. Voici la tête. La tête est *ronde*. Voici une pomme. Cette pomme est *ronde*. Voici une balle. Cette balle est *ronde*. Voilà des pois. Les pois sont *ronds*. Voilà une bille (chique). La bille est *ronde*. Voilà une boule. La boule est *ronde*. Voilà les yeux. Les yeux sont *ronds*.

#### 10ᵉ EXERCICE.

*Cylindrique, pointu.*

Voilà un crayon. Ce crayon est *cylindrique*. Voilà un étui à plumes. Cet étui est *cylindrique*. Voilà une baguette. Cette baguette est *cylindrique*. Voici le tuyau du fourneau. Ce tuyau est *cylindrique*. Voilà un rouleau de papier. Ce rouleau est *cylindrique*. Voilà un encrier. Cet encrier est *cylindrique*.

Voilà une plume (taillée). Cette plume est *pointue*. (Mettez le doigt sur la pointe, pour montrer qu'elle pique.) Voici un crayon. Ce crayon est *pointu*. Voilà une aiguille. Cette aiguille est *pointue*. Voilà une épingle. Cette épingle est *pointue*. Voilà un clou. Ce clou est *pointu*. Voilà une baguette. Cette baguette est *pointue*. Voilà un canif. Ce canif est *pointu*. Voilà un couteau. Ce couteau est *pointu*.

## 11ᵉ EXERCICE.
### *Épais, mince.*

Voici une feuille de papier. Cette feuille de papier est *mince*. (Prenez-la entre les doigts.) Voilà un livre. Ce livre est *épais*. Voilà un cahier. Ce cahier est *mince*. (Prenez un gros cahier.) Ce cahier est *épais*. Voilà un centime. Le centime est *mince*. Voilà un décime. Le décime est *épais*. Voilà une vitre. La vitre est *mince*. Voilà une brique. La brique est *épaisse*. Voici une tuile. Cette tuile est *épaisse*. Voici ma lèvre. La lèvre est *épaisse*. un mur. Le mur est *épais*. Voilà la porte. La porte est *épaisse*. Voici un mouchoir. Le mouchoir est *mince*. Voilà un tableau de lecture. Ce tableau de lecture est *mince*. Voilà la langue. La langue est *épaisse*. Voici la paupière. La paupière est *mince*. Voilà un rideau. Ce rideau est *mince*. Voici la tablette du banc. La tablette du banc est *épaisse*. Voici la tablette du fourneau. La tablette du fourneau est *épaisse*. Voici le plancher. Le plancher est *épais*.

(C'est par l'opposition que les enfants saisissent le mieux la chose ; il faut en outre toujours employer un geste expressif.)

**Répétition.**

### 12ᵉ EXERCICE.
### *Long, court.*

(Prenez une longue ficelle et une ficelle courte, un fil long et un fil court, une baguette longue et une baguette courte.)

Voilà une ficelle. Cette ficelle est *longue*. Voilà une autre ficelle. Cette ficelle est *courte*. Voilà un fil. Ce fil est *long*. Voici un autre fil. Ce fil est *court*. Voilà une baguette. Cette baguette est *longue*. Voici une autre baguette. Cette baguette est *courte*. Voici un banc. Ce banc est *long*. Voici un crayon (usé en partie). Ce crayon est *court*. Voici un crayon (entier). Ce crayon est *long*. — Comment est le bras ? Le bras est *long*. Comment est le pouce ? Le pouce est *court*. Comment est l'index ? L'index est *long*. Comment est le bras ? Le bras est *long*. Comment est la jambe ? La jambe est *longue*. Comment est le petit doigt ? Le petit doigt est *court*. Comment sont les cheveux ? Mes cheveux sont *longs*, *courts*. Voila la tringle du rideau. La tringle du rideau est *longue*.

### 13ᵉ EXERCICE.
### *Lourd, léger.*

(Mettez les objets sur la main et faites comprendre par le geste que vous les pesez.)

Voilà une brique. Cette brique est *lourde*. Voici une

plume. Cette plume est *légère*. Voilà une bûche. Cette bûche est *lourde*. Voici une feuille de papier. Cette feuille de papier est *légère*. Voilà une ardoise. Cette ardoise est *lourde*. Voilà un crayon. Ce crayon est *léger*. — Comment est le banc ? Le banc est *lourd*. Le fourneau est *lourd*. Le rideau est *léger*. Le cahier est *léger*. Le mouchoir est *léger*. Voilà les pincettes. Les pincettes sont *lourdes*. La tringle du rideau est *lourde*. La tablette du fourneau est *lourde*. Voilà la cruche à encre. La cruche à encre est *lourde*. La règle est *légère*. Ce morceau de craie est *léger*. Le torchon est *léger*. La casquette est *légère*. Le peigne est *léger*. La chemise est *légère*. Le tableau noir est *lourd*.

### 14ᵉ EXERCICE.
### *Grand, petit.*

(Mettez toujours en opposition un grand objet et un petit objet.)

Cette baguette est *grande*. Cette baguette est *petite*. Ce livre est *grand*. Ce livre est *petit*. Cette feuille de papier est *grande*. Cette feuille de papier est *petite*. Ce crayon est *grand*. Ce crayon est *petit*. Cette bûche est *grande*. Cette bûche est *petite*. Ce garçon est *grand*. Ce garçon est *petit*. Cette fille est *grande*. Cette fille est *petite*. Charles est *grand*. Louis est *petit*. Marie est *grande*. Henriette est *petite*. Ce morceau de craie est *grand*. Ce morceau de craie est *petit*. Ce bouton est *grand*. Ce bouton est *petit*. La salle d'école est *grande*. Le maître est *grand*. La maîtresse est *grande*. Voilà les enfants. Les enfants sont *petits*. La porte est *grande*. La vitre est *petite*. La fenêtre est *grande*. Le rideau est *grand*. Le mouchoir est *petit*. Le tableau noir est *grand*. Le tableau de lecture est *petit*.

## Répétition.

### 15ᵉ EXERCICE.
*Couleur des objets : blanc, noir, rouge.*

(Prenez trois feuilles de papier dont l'une soit blanche, l'autre rouge, l'autre noire.)

Voilà du papier *blanc*. Voilà du papier *noir*. Voilà du papier *rouge*. La craie est *blanche*. Les dents sont *blanches*. Le mur est *blanc*. Le plafond est *blanc*. La chemise est *blanche*. Ce mouchoir est *blanc*. Le tableau (noir) est *noir*. Le fourneau est *noir*. L'encre est *noire*. Ces cheveux sont *noirs*. Voilà du charbon. Le charbon est *noir*. Cette robe est *noire*. Cette veste est *noire*. Les souliers sont *noirs*. Ce papier est *rouge*. Ce cahier est *rouge*. Ce crayon est *rouge*. Cette robe est *rouge*. Cette cravate est *rouge*. Ce fichu est *rouge*.

### 16ᵉ EXERCICE.
*Vert, jaune, bleu.*

(Prenez une feuille de papier vert, une feuille jaune, une feuille bleue.)

Voilà du papier *vert*. Voilà du papier *jaune*. Voilà du papier *bleu*. Ces rideaux sont *verts*. Cette robe est *verte*. Voilà une feuille d'arbre. Cette feuille est *verte*. Voilà une feuille de salade. Cette feuille de salade est *verte*. Ce papier est *jaune*. Voilà du beurre. Le beurre est *jaune*. Voilà un cahier *jaune*. Voici un livre *jaune*. Ce fichu est *jaune*. Voilà du papier *bleu*. Cette robe est *bleue*. Ce cahier est *bleu*. Ce livre est *bleu*.

Qu'est-ce qui est *blanc*? — Le papier est *blanc*. La craie est *blanche*, etc. — Qu'est-ce qui est *noir*? — L'encre est *noire*, les souliers sont *noirs*, le fourneau est *noir*, etc. — Qu'est-ce qui est *rouge, bleu, vert, jaune*?

## Répétition.

### 17ᵉ EXERCICE.
*Mouvements divers.*

(Le moniteur exécute chaque mouvement et dit ce qu'il fait; les élèves imitent le mouvement et répètent les paroles du moniteur.)

Je croise les bras. Je ferme les yeux. Je joins les mains. Je ferme la main. J'ouvre la main. Je lève le bras gauche. Je lève le bras droit. J'avance le pied droit. Je recule le pied droit. J'avance le pied gauche, je recule le pied gauche. Je mets les mains sur la poitrine. Je mets les mains sur le dos. Je mets la main gauche sur la tête. Je mets les deux mains sur la tête. Je remue les doigts. Je mets la main sur la bouche. Je mets la main sur les yeux.

### 18ᵉ EXERCICE.
*Mouvements divers.*

Je me tourne. Je me mets à genoux. Je regarde le plafond. Je montre le fourneau. Je regarde le plancher. Je prends le mouchoir. Je mouche le nez. Je me frotte les mains. Je frappe des mains : *un, deux, trois*. Je montre la porte. Je secoue la tête. Je montre mes dents. Je souffle dans mes mains. Je remue mes pouces.

Je donne la main à mon (ma) camarade. Je marche. Je mets l'index sur la bouche.

### 19ᵉ EXERCICE.

*Matières dont sont faits les objets : bois, fer.*

(Prenez un morceau de bois et un morceau de fer.) Voilà du *bois*. Voilà du *fer*. Cette règle est faite de *bois*. La porte est faite de *bois*. Ce clou est fait de *fer*. Voici une serrure. La serrure est faite de fer. Le fourneau est fait de fer. Le banc est fait de bois. Le plancher est fait de bois. Voilà des pincettes. Les pincettes sont faites de fer. Voilà une targette. Cette targette est faite de fer. L'estrade est faite de bois. Le sabot est fait de bois. Voilà une clef. Cette clef est faite de fer. — Voilà un gond ; de quoi est-il fait ? — Le gond est fait de fer. — Voilà une penture ; de quoi est faite la penture ? — La penture est faite de fer. — Voilà le châssis de la fenêtre ; de quoi est fait le châssis ? — Ce châssis est fait de bois. — Voici les crampons du tableau noir ; de quoi sont faits les crampons ? — Les crampons sont faits de fer.

**Répétition.**

### 20ᵉ EXERCICE.

*Verre, cuir, fer-blanc.*

(Prenez un morceau de *verre*, un morceau de *cuir* et un morceau de *fer-blanc*).

Voilà du *verre*. Voilà du *cuir*. Les vitres sont faites de verre. Ce verre est fait de verre. Cette bouteille est faite de verre. Cette carafe est faite de verre. — Les souliers sont faits de cuir. Le sac à livres est fait de cuir. Voilà le dos du livre. Ce dos de livre est fait de cuir. Voilà une courroie. Cette courroie est faite de cuir. Les bottes sont faites de cuir. Les bottines sont faites de cuir. Voilà des gants. Ces gants sont faits de cuir. Voilà une visière de casquette. Cette visière est faite de cuir. — Voilà du fer-blanc. Cet étui à plumes est fait de fer-blanc. Voilà un arrosoir. Cet arrosoir est fait de fer-blanc. Le tuyau du fourneau est fait de tôle. Voilà une pelle. Cette pelle est faite de fer-blanc. Voilà un gobelet. Ce gobelet est fait de fer-blanc.

## 21ᵉ EXERCICE.
*Papier, carton, corne.*

(Prenez un morceau de chacune de ces matières). Voilà du papier. Le cahier est fait de papier. Le livre est fait de papier. Voilà un cornet. Ce cornet est fait de papier. (Faites un rouleau de papier). Ce rouleau est fait de papier. — Voici du carton. Le tableau de lecture est fait de carton. Voilà une boîte. Cette boîte est faite de carton. Voilà la couverture du livre. La couverture du livre est faite de carton. Voilà un portefeuille (dans lequel on porte des cahiers, des livres). Ce portefeuille est fait de carton. — Voici de la corne. Ce bouton est fait de corne. Ce peigne est fait de corne. Voilà une tabatière (en corne). Cette tabatière est faite de corne. Voilà un canif. Voici le manche du canif. Le manche du canif est fait de corne. Voici le manche du couteau. Le manche du couteau est fait de corne.

**Répétition.**

## 22ᵉ EXERCICE.
### *Chanvre, coton, laine.*

(Prenez un peu de chanvre, un peu de coton, un peu de laine).

Voici du *chanvre*. Voici du *coton*. Voici de la *laine*. Voilà une ficelle. Cette ficelle est faite de chanvre. Voici une corde. Cette corde est faite de chanvre. Voilà un morceau de toile. Cette toile est faite de chanvre. Cette chemise est faite de chanvre. Ce fil est fait de chanvre. — Voici du coton. Ce bas est fait de coton. Ce mouchoir est fait de coton. Cette chemise est faite de coton. Ces rideaux sont faits de coton. Ce fichu est fait de coton. Cette robe est faite de coton. Cette blouse est faite de coton. Ce tablier est fait de coton. — Voici de la laine. Voici un morceau de drap. Le drap est fait de laine. Ce pantalon est fait de laine. Ces gants sont faits de laine. Ce gilet est fait de laine. Ces bas sont faits de laine. Voilà une frileuse. Cette frileuse est faite de laine. Ce manteau est fait de laine. Cette veste est faite de laine. Cette robe est faite de laine.

## 23ᵉ EXERCICE.
### *Cuivre, acier.*

Voilà une aiguille. Cette aiguille est faite d'acier. Voilà une aiguille à tricoter. Cette aiguille à tricoter est faite d'acier. Voilà la lame du canif. Cette lame de canif est faite d'acier. Voilà la lame du couteau. Cette lame de couteau est faite d'acier. Voilà une plume métallique. Cette plume métallique est faite d'acier. Voilà des ciseaux. Les ciseaux sont faits d'acier. —

Voilà un bouton. Ce bouton est fait de cuivre. Voilà un tourniquet. Ce tourniquet est fait de cuivre. Voilà un porte-plumes. Ce porte-plumes est fait de cuivre. Voilà une sonnette. Cette sonnette est faite de cuivre. Voilà un centime. Ce centime est fait de cuivre. Voilà un sou. Ce sou est fait de cuivre. Voilà un décime. Ce décime est fait de cuivre. Voilà une boucle. Cette boucle est faite de cuivre. Voilà une épingle. Cette épingle est faite de cuivre.

## 24ᵉ EXERCICE.

(Prenez un livre dans la main, exécutez et faites exécuter les mouvements nécessaires.)

Voilà un livre. Ce livre est carré. Voilà la couverture du livre. La couverture est rouge, jaune, bleue, verte. J'ouvre le livre. Je ferme le livre. Je retourne le livre. Je laisse tomber le livre. Je ramasse le livre. Je donne le livre à mon (ma) camarade. Je tiens le livre avec la main droite. Je tiens le livre avec la main gauche. Voilà la tranche du livre. Voilà le dos du livre. Voilà les coins du livre. Voilà un feuillet. Voilà deux feuillets : un feuillet, deux feuillets. Voilà trois feuillets : un feuillet, deux feuillets, trois feuillets. Voilà une page. Un feuillet fait deux pages : une page, deux pages. Les feuillets du livre sont faits de papier. La couverture du livre est faite de carton. Le dos du livre est fait de cuir, de percale. Ce livre est grand, petit, long, large, lourd, léger, épais, mince.[1] Je lis dans le livre. Je tourne les

---

1. On ne choisit que celles des qualités qui appartiennent réellement au livre en question, et on parle toujours par propositions.

feuillets du livre. Je mets le livre sur le banc. Je mets le livre sous le banc. Voilà un signet (prononcez sinè). Je place le signet dans le livre.

### Répétition.

#### 25ᵉ EXERCICE.

(Prenez une feuille de papier blanc et une autre chargée d'écriture, exécutez et faites exécuter les manœuvres nécessaires.)

Voilà une feuille de papier blanc. Ce papier est carré. Ce papier est mince. Ce papier est léger. Voilà une autre feuille de papier. Ce papier est couvert d'écriture. Voici l'écriture. L'écriture est noire. Je plie cette feuille de papier. Je déplie cette feuille de papier. Je souffle sur cette feuille de papier. Je roule cette feuille de papier. Voilà un rouleau de papier. Je donne le rouleau de papier à mon (ma) camarade. Ce rouleau est cylindrique. Je déroule le papier. Je laisse tomber ce papier. Je ramasse le papier. Je fais un trou dans ce papier. Voilà un *trou*. Je froisse ce papier. Je déchire ce papier. Voilà les morceaux de ce papier. Je laisse tomber les morceaux de papier sur le plancher. Je ramasse les morceaux de papier. Je mets les morceaux de papier dans ma poche. (Prenez la feuille restée entière.) Je fais un cornet. Voilà un cornet de papier. Je mets les morceaux de papier dans le cornet. Je ferme le cornet. J'ouvre le cornet.

#### 26ᵉ EXERCICE.

*Dur, mou; propre, malpropre, sale.*

(Faites comprendre par le geste le sens des mots *mou, dur.*) Cette plume est molle. Cette plume est dure. Les lèvres sont molles. Les dents sont dures. La joue est molle. Voilà un caillou. Ce caillou est dur. Voilà un morceau de gomme élastique. La gomme élastique est molle. Voilà une pelote. Cette pelote est molle. L'ardoise est dure. — Comment est le bois? — Le bois est dur. — Comment est le fer? — Le fer est dur. — Comment est le cuivre? — Le cuivre est dur. — La corne est dure. — Le cuir est mou.

(Prenez un mouchoir blanc, propre et un autre ayant déjà servi.) Ce mouchoir est propre. Ce mouchoir n'est pas propre (secouez la tête). Ce mouchoir est sale, malpropre. (Prenez du papier bien blanc et une autre feuille, sale). Ce papier est propre. Ce papier est malpropre, sale. Ce cahier est propre. Ce cahier est sale. Ce livre est propre. Ce livre est sale. Cette plume est propre. Cette autre plume est sale. Comment est ce rideau? — Ce rideau est propre. Comment est cette vitre? — Cette vitre est propre. Comment est ce plancher? — Comment sont ces mains?

### 27ᵉ EXERCICE.
*Rude, poli; tranchant, flexible.*

(Faites toujours comprendre par le geste.) Voilà une brique. Cette brique est rude. (Frottez-y le doigt.) Cette ardoise est polie. Voilà une tuile. Cette tuile est rude. La vitre est polie. Voilà une brosse. Cette brosse est rude. Voilà une règle. Cette règle est polie. Le plancher est rude. Le mur est rude. La lame du couteau est polie. L'étui à plumes est poli. La lame du canif est polie. La plume métallique est polie. La plume est polie. Le tableau noir est poli. Voilà une bûche.

Cette bûche est rude. La tablette du fourneau est rude.

Le couteau est tranchant. (Faites comprendre en frottant le doigt contre le tranchant.) Le canif est tranchant. Voilà des ciseaux. Les ciseaux sont tranchants. Voilà une serpette. La serpette est tranchante. Voilà le dos de la lame du couteau. Le dos n'est pas tranchant. (Secouez la tête.) Le dos du canif n'est pas tranchant. Le dos de la serpette n'est pas tranchant. Le dos des ciseaux n'est pas tranchant.

Voilà une baguette. (Pliez-la.) Cette baguette est flexible. Voilà un crayon. (Faites voir qu'il n'est pas flexible). Le crayon n'est pas flexible. Voilà une règle (large). Cette règle est flexible. Voilà une bûche. Cette bûche n'est pas flexible. Le tableau de lecture est flexible. Le bras est flexible. Le pouce est flexible. L'index est flexible. Le doigt du milieu est flexible. L'annulaire est flexible. Le petit doigt est flexible. La jambe est flexible. Le cou est flexible.

**Répétition.**

## 28ᵉ EXERCICE.

*Fendu, cassé, déchiré.*

Voilà une plume fendue. Cette autre plume n'est pas fendue. Voilà un verre fendu. Ce verre n'est pas fendu. Voilà une vitre fendue. Cette vitre n'est pas fendue. Voilà une baguette fendue. Cette baguette n'est pas fendue. Cette porte est-elle fendue? Cette planche est-elle fendue? Le plafond est-il fendu? Cet encrier est-il fendu? Ce banc est-il fendu?

Voilà une baguette cassée. Cette autre baguette n'est pas cassée. Voilà une allumette. Voilà deux allumettes. (Cassez l'une d'elle.) Cette allumette est cassée. Cette allumette n'est pas cassée. Voilà une règle cassée. Voilà un encrier cassé. Voilà une vitre cassée. Qu'est-ce qui est encore cassé ?

Voilà une feuille de papier. (Déchirez-la.) Cette feuille de papier est déchirée. Ce livre est déchiré. Cet autre livre n'est pas déchiré. Voilà un cahier déchiré. Cet autre cahier n'est pas déchiré. Cette robe est-elle déchirée ? — Oui, cette robe est déchirée. Non, cette robe n'est pas déchirée. Ce bas est-il déchiré ? — Non, ce bas n'est pas déchiré. Oui, ce bas est déchiré. Ce rideau est-il déchiré ? Ce mouchoir est-il déchiré ? Cette blouse est-elle déchirée ?

## 29ᵉ EXERCICE.

*Creux, droit, courbé, plein, vide.*

Cet étui à plumes est creux. (Mettez-y le doigt et faites comprendre par le geste.) Le crayon n'est pas creux. Cette plume est creuse. Cette baguette n'est pas creuse. Le fourneau est creux. Le tuyau du fourneau est creux. L'encrier est creux. Voilà une cruche à encre. Cette cruche est creuse. Voilà une bouteille. Cette bouteille est creuse. Voilà un sablier. Ce sablier est creux. Le mètre est-il creux ? — Non, le mètre n'est pas creux. Le mur est-il creux ? — Non, le mur n'est pas creux.

Cette baguette est droite. (Courbez-la.) Cette baguette est courbée. (Prenez une règle large.) Cette règle est droite. Cette règle est courbée. Le bras est droit. Le bras est courbé. L'index est droit. L'index est courbé. La jambe est droite. La jambe est courbée. Cette aiguille à tricoter est droite. Cette aiguille à tricoter est courbée.

Cet encrier est plein. Cet encrier est vide. Ce verre est plein. (Versez l'eau.) Ce verre est vide. (Prenez une boîte remplie de sable.) Cette boîte est pleine. Cette boîte est vide. (Prenez une noix.) Cette noix est pleine. (Retirez l'amande.) La noix est vide. Montre-moi ta poche. Voici ma poche. Ta poche est-elle pleine ou vide ? — Ma poche est vide, pleine.

### 30ᵉ EXERCICE.
*Mobile, liquide, neuf, vieux.*

Voici une targette. (Mouvez-la.) La targette est mobile. (Essayez de faire jouer le tableau noir, fixé au mur par des crampons.) Le tableau noir n'est pas mobile. Voici la portière du fourneau. La portière du fourneau est mobile. Voici la serrure. La serrure n'est pas mobile. Voici le battant de la fenêtre. Le battant est mobile. Le tourniquet est mobile. La lame de ce couteau est mobile. (Prenez un couteau de table.) La lame de ce couteau n'est pas mobile. La lame du canif est mobile. Voici le couvercle de l'étui à plumes. Ce couvercle est mobile.

(Prenez de l'eau dans un verre et versez-la petit à petit, faites de même avec un peu de lait, d'encre, de vin, de bière.) Voilà de l'eau. L'eau est liquide. Voici du lait. Le lait est liquide. Voici du vin. Le vin est liquide. Voici de la bière. La bière est liquide. Le bois est-il liquide ? Non, le bois n'est pas liquide. Le fer est-il liquide? — Non, le fer n'est pas liquide. L'encre est-elle liquide? — Oui, l'encre est liquide.

Ce livre est neuf. Ce livre est vieux. Ce cahier est neuf. Ce cahier est vieux. Ce sac à livres est neuf. Ce sac à livres est vieux. Ce portefeuille est neuf. Ce portefeuille est vieux. Voici un cabas. Ce cabas est-il neuf ou vieux? — Cette robe est-elle neuve ou vieille? — Ces sabots sont-ils neufs ou vieux? — Ces souliers sont-ils neufs ou vieux?

**Répétition.**

### 31ᵉ EXERCICE.

Voici une plume. Voici les barbes de la plume. Voilà le tuyau de la plume. Voilà le dos de la plume. Voici le ventre de la plume. Cette plume est taillée. Cette plume n'est pas taillée. Voici le bec de la plume. Voici la fente de la plume. J'écris avec la plume. (Écrivez.) Je plonge la plume dans l'encrier. Je retire la plume de l'encrier. Cette plume est chargée d'encre. Voilà un chiffon. J'essuie la plume. Cette plume est propre. Je mets la plume dans l'étui à plumes. Je ferme l'étui à plumes.

Plie la plume. La plume est-elle longue ou courte? La plume est-elle légère ou lourde, flexible, propre, sale, neuve, vieille, blanche, noire?

Qu'est-ce qui est grand? (Les enfants nomment tout ce qu'ils trouvent: Le maître est grand; le fourneau est grand, etc.) Qu'est-ce qui est petit? Qu'est-ce qui est rude, poli, dur, mou, long, court, léger, lourd, propre, sale, mobile, neuf, vieux, liquide, creux, plein, vide, fendu, cassé, déchiré, flexible, tranchant, blanc, vert, rouge, bleu, noir, épais, mince, cylindrique, pointu, carré, rond ? — (Si les enfants ne trouvent pas les objets assez vite, le maître les met sur la voie en en citant un, cela suffit pour se faire comprendre. Pour stimuler les élèves et éviter le désordre on leur recommande de lever le doigt à mesure qu'ils trouvent une réponse et alors on fait parler à tour de rôle.)

## 32ᵉ EXERCICE.

Voilà une ardoise. Voilà un crayon d'ardoise. Je prends le crayon d'ardoise dans la main droite. Je trace une ligne droite. Je trace une ligne courbe. Je trace une ligne brisée. Je trace une longue ligne. Je trace une ligne courte. Je trace deux lignes, trois lignes, quatre lignes. Je fais un point. Voilà un point. Je fais deux, trois, quatre, cinq, six, sept, huit, neuf, dix points. Je fais *beaucoup* de points. Je dessine une croix. Voilà une croix. Voilà une grande croix. Je dessine une petite croix. Voici deux, trois, quatre croix. Je dessine beaucoup de croix. Je dessine un rond, deux ronds, trois ronds. Voilà un grand rond, un petit rond. Je trace beaucoup de ronds. Je trace un petit rond dans le grand rond. Je dessine une croix dans le rond. Je mets un point au milieu du rond. Voici le milieu du rond. Je dessine un triangle. Voilà un triangle. Je dessine un petit triangle, un grand triangle. Je dessine un triangle dans un rond, un rond dans un triangle. Je dessine une croix dans un triangle. J'efface l'ardoise avec ce torchon.

## 33ᵉ EXERCICE.
### *Parties des objets et usage des objets.*

Voilà un couteau. Voici la lame du couteau. Voici le manche du couteau. Voici le tranchant de la lame. Voici le dos de la lame. Voici la pointe de la lame. J'ouvre le couteau. Je ferme le couteau. Je mets le couteau dans ma poche. Je laisse tomber le couteau. Je ramasse le couteau. La lame du couteau est faite d'acier. La lame est tranchante. La lame est pointue. La lame est mobile. Le manche est fait de corne et de fer. Voici le ressort. Voici les rivets. Un rivet, deux rivets, trois rivets, quatre rivets, etc.

Voilà un morceau de pain. Je coupe le pain. Voilà une pomme de terre. Je coupe la pomme de terre. Voici du bois. Je coupe le bois.

Le couteau sert à couper le bois. Le couteau sert à couper le pain. Le couteau sert à couper les pommes de terre.

Qu'est-ce qui est fait d'acier? — de corne? — de fer? — de papier? — de carton? — de cuir? — de fer-blanc? — de cuivre? — de chanvre? — de coton? — de laine? — de bois? — de verre? —

---
**Répétition.**

---

## 34ᵉ EXERCICE.

Voilà un canif. Montre la lame du canif (ou les lames : une, deux, trois lames). Montre le tranchant de la lame, le dos de la lame, la pointe de la lame. Comment est la lame? — La lame est polie, elle est tranchante, pointue, mobile. Montre le manche. Montre les rivets. De quoi est faite la lame? De quoi est fait le manche?

Je taille une plume. Je taille ce crayon. A quoi sert le canif? — Le canif sert à tailler les plumes et les crayons.

Voici une règle (carrelet); voici un crayon. (Réglez une feuille de papier.) Je règle. La règle sert à régler. Le crayon sert aussi à régler. Je dessine une croix. Je dessine un rond. Je dessine un triangle. Le crayon sert à dessiner sur le papier. J'écris. Le crayon sert à écrire. A quoi sert la plume? — La plume sert à écrire sur le papier. A quoi sert le crayon d'ardoise? — Le crayon d'ardoise sert à écrire sur l'ardoise. J'efface le crayon avec la gomme élastique. A quoi sert la gomme élastique? — La gomme élastique sert à effacer le crayon.

### 35ᵉ EXERCICE.

Voilà une sonnette. Voilà le manche de la sonnette. Voilà le battant de la sonnette. La sonnette est arrondie. La sonnette est faite de cuivre. Le manche de la sonnette est fait de bois. Le manche est arrondi. Le battant est fait de fer. Le battant est mobile. Je fais sonner la sonnette.

La sonnette est-elle dure ou molle? — La sonnette est dure. La sonnette est-elle polie ou rude? — La sonnette est polie. A quoi sert la sonnette? — La sonnette sert à sonner. Sonne avec la main droite. Je sonne avec la main droite. Sonne avec la main gauche. Je sonne avec la main gauche.

Voilà un verre à boire. Ce verre est cylindrique. Ce verre est fait de verre. Ce verre est poli. (Regardez à travers.) Ce verre est transparent. La vitre est aussi transparente. Je fais sonner le verre. (Frappez-le avec le doigt.) Voilà le fond du verre. Le fond du verre est épais. Voici les parois du verre. Les parois du verre sont minces. (Versez de l'eau dans le verre.) Je verse de l'eau dans le verre. Je bois dans le verre. Je mets le doigt dans l'eau. Ce doigt est mouillé. Cet autre doigt est sec. (Mettez une goutte d'eau au bout du doigt.) Voici une goutte d'eau. L'eau est transparente. L'eau est liquide. Que fait-on de l'eau? — On boit l'eau. Je verse un peu d'eau sur le plancher. Le plancher est mouillé. Ce rideau est-il mouillé ou sec? Ma main est-elle mouillée ou sèche? (Mouillez un morceau de papier.) Ce papier est-il mouillé ou sec? Le verre est-il plein ou vide? — Le verre est plein. (Versez l'eau.) Le verre est-il plein ou vide? — Le verre est vide.

## 36ᵉ EXERCICE.

Voilà un rideau. Voilà la tringle du rideau. Voilà les anneaux du rideau. Ce rideau est fait de percale (de toile). La tringle est faite de fer. Les anneaux sont faits de cuivre. Le rideau est attaché à la tringle par les anneaux. Compte les anneaux. — Un anneau, deux anneaux, trois anneaux, quatre anneaux, etc. La tringle est-elle droite ou courbée? Voici un ourlet. Voici une couture. Je tire le rideau. Je retire le rideau. De quelle couleur est ce rideau?

Voilà une aiguille. Voilà la pointe de l'aiguille. Voici le chas de l'aiguille. Voici un fil. J'enfile cette aiguille. Je couds le rideau. (Cousez.) Voilà un dé. Ce dé est fait de cuivre (fer). Je mets le dé à mon index droit. Je mets le dé à mon doigt du milieu droit. Je pousse l'aiguille avec le dé.

A quoi sert l'aiguille ? — L'aiguille sert à coudre. — A quoi sert le fil ? — Le fil sert à coudre. — A quoi sert le dé ? — Le dé sert à pousser l'aiguille. — De quoi est faite l'aiguille ? — L'aiguille est faite d'acier. — De quoi est fait le fil ? — Le fil est fait de chanvre. — De quoi est fait le dé ? — Le dé est fait de cuivre. — De quoi est fait le rideau ? — Le rideau est fait de coton (chanvre).

Qu'est-ce qui est fait de coton ? — Cette chemise est faite de coton. Ce mouchoir est fait de coton. Cette robe est faite de coton. Ce fichu est fait de coton. Ce tablier est fait de coton.

Qu'est-ce qui est fait de chanvre ? — Cette corde est faite de chanvre. Cette ficelle est faite de chanvre. Cette chemise est faite de chanvre.

Qu'est-ce qui est fait de laine ? — Cette casquette est faite de laine. Ces bas sont faits de laine. Cette veste est faite de laine. Ce pantalon est fait de laine.

**Répétition.**

### 37ᵉ EXERCICE.

Voilà du blé. Voilà de la farine. Voilà du pain. Le blé donne de la farine. (Montrez.) La farine donne du pain. Voici la mie du pain. Voici la croûte du pain. La mie du pain est molle. La croûte du pain est dure. (Mangez.) Je mange du pain.

Le blé est jaune. La farine est blanche.

Voilà du son. D'où vient le son ? — Le son vient

du blé. Voilà du gruau. Le gruau vient du blé. Voilà des haricots. Voilà des pois. Voilà des lentilles. Peut-on manger les haricots? — Oui, on peut manger les haricots. — Peut-on manger les pois? — Oui, on peut manger les pois. — Peut-on manger les lentilles? — Oui, on peut manger les lentilles. — Peut-on manger le gruau? — Oui, on peut manger le gruau. — Peut-on manger le son? — Non, on ne peut pas manger le son. — Peut-on manger le blé? — Non, on ne peut pas manger le blé. — Peut-on manger la farine? — Non, on ne peut pas manger la farine.

Voilà du sel. Le sel est blanc. Le sel est lourd. (Mettez-le sur la langue et exprimez par votre mine la sensation que vous éprouvez.) Le sel est aigre (sur, acide).

Voilà du sucre. Le sucre est rude. (Mettez-le aussi sur la langue.) Le sucre est doux. Voilà du sirop. Le sirop est doux. Le sirop est-il liquide ou solide? — Le sirop est liquide. Le sucre est-il aussi liquide? — Non, le sucre est solide. — Le sel est-il solide ou liquide? — Le sel est solide.

A quoi sert le sucre? — Le sucre sert à sucrer le café. — A quoi sert le sel? — Le sel sert à saler les mets.

## 38ᵉ EXERCICE.

Voilà du lait. Voici de la crème. Voici du fromage blanc. Voici du beurre. Voici du lait caillé. Voici du petit-lait. Voici du babeurre.[1]

---

1. Mettez une petite quantité de chaque matière dans quelque petit plat ou verre.

Le lait est blanc. Le lait est liquide. (Faites-le goûter.) Le lait est doux. La crême est blanche. La crême est liquide. La crême est douce. Le fromage est blanc. Le fromage n'est pas liquide. Le fromage est aigre. (Faites toujours goûter.) Le beurre est jaune. Le beurre n'est pas liquide. Le beurre est-il doux ou aigre? — Le beurre est doux. Le lait caillé est aigre. Le petit-lait est aigre. Le babeurre est aigre.

Peut-on boire le lait? — Oui, on peut boire le lait. Avec le lait on mange des pommes de terre ou du pain. La crême vient du lait. La crême donne du beurre. (Montrez bien.) Mange-t-on la crême? — Oui, on mange la crême. — Que fait-on de la crême? — On en fait du beurre. — Peut-on manger le fromage blanc? — Oui, on peut manger le fromage blanc. — Que mange-t-on avec le fromage blanc? — Avec le fromage blanc on mange des pommes de terre ou du pain. Peut-on manger le beurre? Que mange-t-on avec le beurre? Peut-on boire le lait caillé? Que mange-t-on avec le lait caillé? Peut-on boire le babeurre? Que mange-t-on avec le babeurre? Boit-t-on le petit-lait? — Non, on ne boit pas le petit-lait.

(Prenez une petite tranche de pain et mettez-y une couche de fromage.) Voici une tartine au fromage blanc. Peut-on manger cette tartine? — Oui, on peut manger cette tartine. — Voici une tartine au beurre. Peut-on manger la tartine au beurre? — Oui, on peut manger cette tartine.

De quoi est fait le fromage? — Le fromage est fait de lait caillé. — De quoi est fait le beurre? — Le beurre est fait de crême.

## 39ᵉ EXERCICE.

Voici un navet. Voici une carotte. Voilà une betterave. Voilà un oignon. Voilà une échalotte. Voilà de l'ail (une botte d'ail). Voici un pied de salade.

Le navet est blanc. Voici la racine du navet. On peut manger le navet. Je pelle le navet. Voici la pelure du navet. La carotte est jaune. On peut manger la carotte. Je raclé la carotte. Voici la raclure de la carotte. La betterave est rouge.

Peut-on manger la betterave? — Non, on ne peut pas manger la betterave. Voilà un oignon. Voilà la racine de l'oignon. Voici la tige de l'oignon. Voici la peau de l'oignon. Je pelle l'oignon. La peau de l'oignon est mince. On peut manger l'oignon. Voilà une échalotte. L'oignon est gros. L'échalotte est petite. On peut manger l'échalotte. Voici de l'ail. Voici la peau de l'ail. Peut-on manger l'ail? La salade est verte. Voici les feuilles de la salade. Comptez les feuilles. Une feuille, deux feuilles, trois feuilles, quatre feuilles, etc. Voici les racines. Peut-on manger les racines de la salade? — Non, on ne peut pas manger les racines de la salade? — Peut-on manger les feuilles de la salade? — Oui, on peut manger les feuilles de la salade.

Voici de l'huile. Voici du vinaigre[1]. Voilà du sel. Quand on veut manger la salade, on y met de l'huile, du vinaigre et du sel. (Faites goûter le vinaigre.) Comment est le vinaigre? Le vinaigre est aigre.

---

1. Mettez l'huile et le vinaigre dans deux petits vases de manière que les enfants puissent facilement les examiner et les reconnaître.

## 40ᵉ EXERCICE.

Voilà une pomme de terre *cuite*. Voilà une pomme de terre qui n'est pas cuite, elle est *crue*. Peut-on manger une pomme de terre crue? — Non, on ne peut pas manger une pomme de terre crue. Peut-on manger une pomme de terre cuite? — Oui, on peut manger une pomme de terre cuite. Je pelle la pomme de terre cuite. Voici la pelure de la pomme de terre. Cette pelure est mince. Des pommes de terre cuites on peut faire de la salade. Je coupe cette pomme de terre cuite en *tranches*. Voilà une tranche. Voilà deux tranches, voilà trois tranches, etc. Pour faire une salade aux pommes de terre, on coupe les pommes de terre en tranches. On y met ensuite de l'huile, du vinaigre, du sel, un oignon coupé en tranches et du poivre. Voici du poivre. (Mettez un grain de poivre sur la langue et exprimez par votre mine la sensation que vous éprouvez.) Le poivre est piquant.

Voilà une fourchette. Voilà les dents (les fourchons) de la fourchette. Ces dents sont pointues. Ces dents sont faites d'acier. Voici le manche de la fourchette. Le manche est fait de bois. Voici des rivets. De quoi sont faits les rivets? Combien y a-t-il de rivets? Combien la fourchette a-t-elle de dents?

Pour manger la salade, se sert-on du couteau ou de la fourchette? — Pour manger la salade, on se sert de la fourchette. — Et pour manger le beurre? — Pour manger le beurre, on se sert du couteau. — Et pour manger le fromage? — Pour manger le fromage, on se sert du couteau. — Et pour manger la soupe au lait? — Pour manger la soupe au lait, on se sert de la cuiller.

Voici une cuiller. Que mange-t-on encore en se servant de la cuiller ? — On se sert de la cuiller pour manger la soupe, le café, la soupe au lait, le lait caillé, le babeurre.

## Répétition.

### 41ᵉ EXERCICE.
*La porte de la salle d'école.*

Voici une porte. Voici le chambranle de la porte. Voici les panneaux du la porte. Un panneau, deux panneaux, trois panneaux. Cette porte a trois panneaux. Voici le panneau supérieur. Voici le panneau inférieur. Voici le panneau du milieu (ou la frise). Voici le cadre de la porte (on l'appelle aussi *bâtis*). Voici les traverses : une traverse, deux traverses, trois traverses, quatre traverses. Voilà des rainures. La porte est mobile. (Ouvrez-la et fermez-la pour le faire voir.) Le chambranle est fixe. Voilà les gonds de la porte. Les gonds sont faits de fer. Les gonds sont aussi fixes. Les gonds sont fixés dans le chambranle. Voici une penture. Voici encore une penture. Les pentures sont fixées à la porte au moyen de clous (de vis); un clou, deux clous, trois clous, quatre clous, cinq clous. Dans chaque penture il y a cinq clous. Les pentures tournent sur les gonds. (Faites-le voir.) Le chambranle est fixé au mur. Voilà la serrure. La serrure est faite de tôle. La portière du fourneau est faite de tôle. Le tuyau du fourneau est fait de tôle. La tôle est faite de fer. Voici le trou de la serrure. On met la clef dans le trou de la serrure. Mettez la clef dans le trou de la serrure. Retirez la clef. La serrure est fixée à la porte par des vis. Voici une vis, deux vix, trois vis, quatre vis. Voici le tourniquet. Le tourniquet est mobile. Tournez le tourniquet vers la droite. Je tourne le tourniquet vers la droite. Tournez le tourniquet vers la gauche. A quoi sert le tourniquet? Le tourniquet sert à ouvrir et à fermer la porte. A quoi sert la clef? La clef sert à ouvrir et à fermer la porte. Voici l'anneau de la clef. Voici la tige de la clef. Voici le panneton de la clef. Voici le côté intérieur de la porte. Voici le côté extérieur de la porte. La serrure est attachée sur le côté intérieur de la porte. Et les pentures? Les pentures sont attachées sur le côté intérieur. La porte est peinte. Les bancs ne sont pas peints. La serrure est peinte. La clef n'est pas peinte. Le chambranle est peint. Le plancher n'est pas peint. Voici les lambris. Les lambris sont peints. L'estrade est peinte. Le tableau noir est peint.

## 42$^e$ EXERCICE
### *Les fenêtres.*

Voici une fenêtre. Voici le dormant. Voici un battant; voici encore un battant : cela fait deux battants. Chaque battant est divisé en quatre carreaux. Voici les gonds de la fenêtre. Voici les pentures de la fenêtre. Voici les targettes de la fenêtre. Voici les boutons de la fenêtre. Voici du mastic. Ce mastic est dur. Le mastic sert à fixer les vitres. Les targettes servent à fermer la fenêtre. Ouvrez les targettes. Fermez les targettes. Les targettes sont mobiles. Les battants sont mobiles. Les battants tournent sur les gonds. Voici les traverses (les petits bois) de la fenêtre. Comptez les traverses. Le dormant (le châssis) est-il mobile ou immobile? Le dormant est fixé au mur. Par quoi les pentures sont-elles fixées à la fenêtre? Comment sont les vitres? Les vitres sont carrées, polies, transparentes, propres, sales, neuves, vieilles, grandes, petites. Comptez les vitres. Voici les volets. Les volets tournent sur des gonds. Les volets sont peints, neufs, vieux. On ferme les volets au moyen d'un crochet. Voici le crochet.

Voici le plancher. Voici une planche. Le plancher se compose de planches. Comptez les planches. Une planche, deux planches, trois planches. Le plancher se compose de beaucoup de planches. Les planches sont fixées au moyen de clous. Combien de clous y a-t-il dans cette planche? Comptez les clous. De quoi sont faites les planches? De quoi sont faits les clous? De quoi est fait le mastic? Le mastic est fait de craie et d'huile.

### 43ᵉ EXERCICE.

#### La chaise.

Voici une chaise. Voici les pieds de la chaise. Voici les traverses. Combien de traverses? Voici le dossier de la chaise. Voici le siége de la chaise. Je m'assieds sur la chaise. Que fait-on de la chaise? On s'assied sur la chaise. Que fait-on du banc? On s'assied sur le banc. Le siége de la chaise est fait de paille. Voici de la paille. Je fais glisser la chaise. Je soulève la chaise. Je renverse la chaise. Je relève la chaise. J'appuie la chaise contre le mur.

#### Le boulier.

Voilà un boulier. Voilà le cadre du boulier. Voici les tringles du boulier. Voici les boules. Je fais glisser les boules sur les tringles. Combien de boules y a-t-il sur chaque tringle ? Sur chaque tringle il y a dix boules. Et sur deux tringles ? Sur deux tringles il y a dix boules et encore dix boules, c'est vingt boules. Et sur trois tringles ?.... Et sur toutes les dix tringles. A quoi sert le boulier ? Le boulier sert à compter.

### *Les boutons.*

Voilà un bouton en (os) corne. Dans ce bouton il y a un trou, deux trous, trois trous, quatre trous, cinq trous. Pourquoi y a-t-il des trous ? Il y a des trous dans le bouton pour pouvoir l'attacher. Avec quoi attache-t-on les boutons ? On attache les boutons avec du fil. Voilà un bouton en métal. Voilà l'oreille du bouton. Pourquoi y a-t-il une oreille ? Il y a une oreille pour attacher le bouton. Voilà un bouton plat. Voilà un bouton bombé. Voilà un bouton en nacre. On attache les boutons en nacre aux chemises, aux robes.

### 44ᵉ EXERCICE.

### *Le balai. L'arrosoir.*

Voici un balai. Voilà le manche du balai. Voici les cercles du balai. Je balaie. A quoi sert le balai ? Le balai sert à balayer la salle d'école. Pourquoi balaie-t-on la salle d'école ? On balaie la salle d'école pour la rendre propre. Quand balaie-t-on la salle d'école ? On balaie la salle d'école quand elle est sale.

Voici un arrosoir. Voici l'anneau de l'arrosoir. Voici l'ouverture de l'arrosoir. Pourquoi y a-t-il un anneau à l'arrosoir ? Il y a un anneau à l'arrosoir pour pouvoir l'accrocher à un clou. Accroche l'arrosoir. J'accroche l'arrosoir. Je décroche l'arrosoir. Qu'est-ce qu'on met dans l'arrosoir? On met de l'eau dans l'arrosoir. L'eau sort par ce petit trou. A quoi sert l'arrosoir? L'arrosoir sert à arroser la chambre. Quand arrose-t-on la chambre? On arrose la chambre quand on veut balayer. Pourquoi arrose-t-on la chambre? On arrose la chambre pour éviter la poussière. Voici de la poussière. De quoi est fait l'arrosoir? L'arrosoir est fait de fer-blanc.

## La brosse.

Voilà une brosse. Voici la planchette de la brosse. Voilà les crins de la brosse. Voilà une touffe de crins. Chaque touffe de crins est fixée dans un petit trou. Les crins sont rudes. A quoi sert la brosse? La brosse sert à brosser les habits. Je brosse mon pantalon. Je brosse ma veste. Je brosse ma robe. Pourquoi brosse-t-on les habits? On brosse les habits pour les tenir propres. Quand brosse-t-on les habits? On brosse les habits quand ils sont sales. Les enfants qui ne brossent pas leurs habits, sont des enfants malpropres, sales.

## Le peigne.

Voici un peigne. Voici les dents du peigne. Compte les dents du peigne. Le peigne est fait de corne. Je me peigne les cheveux. A quoi sert le peigne? Le peigne sert à peigner les cheveux. Pourquoi peigne-t-on les cheveux? On peigne les cheveux pour les tenir propres. Les enfants qui ne se peignent pas, sont des enfants malpropres, sales.

**Répétition.**

## 45ᵉ EXERCICE.
### *Sur quelques parties du corps.*

Voici ma main. Voici la peau. (Soulevez-la avec les doigts.) Voici des veines. Les veines sont bleues. (Montrez un peu de sang.) Voici du sang. Le sang est rouge. Dans les veines il y a du sang. Voici le pouce. Le pouce se compose de deux articles : Un article, deux articles. Combien l'index a-t-il d'articles? L'index a trois articles. Et le doigt du milieu? Et l'annulaire? Et le petit doigt? Les doigts des pieds ont-ils aussi des articles? Oui, les doigts des pieds se composent aussi d'articles. Voici encore le pouce. (Pliez-le de manière à faire voir les articulations.) Voilà une articulation; voilà encore une articulation. Dans le pouce, il y a deux articulations. Combien d'articulations dans l'index? dans le doigt du milieu? dans l'annulaire? dans le petit doigt? Voilà l'articulation de l'épaule, l'articulation du coude, l'articulation du poignet, l'articulation de la cuisse, l'articulation du genou, l'articulation de la cheville du pied.

Voici les dents. Voici les dents incisives. Voici les dents canines. Voici les dents molaires. Voici la gencive. Les dents sont fixées dans la gencive. A quoi servent les dents? Les dents servent à mâcher. (Mâchez.) Voici la langue. A quoi sert la langue. La langue sert à parler. Voici de la salive. Qu'y a-t-il dans la bouche? Dans la bouche il y a les dents, la gencive, la langue, la salive. Voici les lèvres. Voici la lèvre supérieure. Voici la lèvre inférieure. A quoi servent les lèvres? Les lèvres servent à fermer la bouche. Voici la paupière supérieure. Voici la paupière inférieure. A quoi servent les paupières? Les paupières servent à fermer l'œil.

## 46ᵉ EXERCICE.

*Le lavoir (la cuvette). L'éponge. Le savon.*

Voilà un lavoir. Dans ce lavoir il y a de l'eau. Voilà une éponge. Voilà du savon. Que met-on dans le lavoir? On met de l'eau dans le lavoir. A quoi sert cette eau? Cette eau sert à laver les mains, la figure, les oreilles. Avec quoi se lave-t-on? On se lave avec l'eau, en se servant de l'éponge et du savon. (Produisez de la mousse.) Voici de la mousse. Quand se lave-t-on? On se lave quand on est sale. Pourquoi se lave-t-on? On se lave pour être propre. Les enfants qui ne se lavent pas, sont des enfants malpropres. Qu'est-ce qu'on lave encore? On lave les fenêtres. On lave les rideaux. On lave le plancher. On lave les mouchoirs, les bas, les chemises, les robes, les tabliers, les fichus.

*Le chandelier.*

Voici un chandelier. De quoi est fait ce chandelier? Ce chandelier est fait de bois, de fer, de cuivre. Voici une chandelle. Cette chandelle est faite de suif. (Montrez un morceau de suif.) Voici la mèche. La mèche est faite de coton. Je mets la chandelle dans le chandelier. Voilà une allumette. J'allume cette allumette. Cette allumette brûle. J'allume la chandelle. Cette chandelle brûle. Voici des mouchettes. Je mouche la chandelle. Je souffle la chandelle. A quoi servent les allumettes? Les allumettes servent à allumer la chandelle. A quoi servent encore les allumettes? Les allumettes servent à allumer le feu. (Montrez le feu dans le fourneau.) Voici du feu. Les enfants ne doivent pas jouer avec le feu ou avec les allumettes. A quoi servent les mouchettes? Les mouchettes servent à moucher la chandelle.

### 47ᵉ EXERCICE.

*Les garçons et les filles.*

Voici un garçon. Voici une fille. Voici deux garçons. Voici deux filles. Les garçons ont les cheveux courts. Les filles ont les cheveux longs. Les filles portent un peigne dans les cheveux[1]. Les garçons n'ont point de peigne dans les cheveux. Les filles ont des tresses. Voilà des tresses. Les garçons n'ont pas de tresses. Pourquoi les garçons n'ont-ils pas de tresses? Les garçons n'ont point de tresses, parce que leurs cheveux sont courts. Pourquoi les garçons ne portent-ils pas de peigne dans les cheveux? Les garçons ne portent point de peigne dans les cheveux, parce que leurs cheveux sont courts. Pourquoi les cheveux des garçons sont-ils courts? Les cheveux des garçons sont courts, parce qu'on les coupe. Avec quoi coupe-t-on les cheveux? On coupe les cheveux avec des ciseaux. — Voilà une raie[2]. Voilà encore une raie[3]. Voilà le milieu de la tête. Voilà un côté de la tête. Voilà l'autre côté de la tête. Cette raie (de la fille) est au milieu de la tête. Cette raie (du garçon) est sur le côté. Voilà un bonnet. Voilà une casquette. Les garçons portent des casquettes. Les filles portent des bonnets, des frileuses, des capuchons. Les garçons portent des cravates. Les filles portent des fichus. Le filles portent

---

1. Montrez et faites montrer au doigt.
2. Montrez sur une fille.
3. Montrez sur un garçon.

aussi de petites cravates[1]. Les garçons portent des gilets, des vestes, des blouses. Les filles portent des corsages, des corsets, des basques. Les garçons portent des pantalons, des caleçons. Les filles portent des jupons, des robes, des tabliers. Les garçons et les filles portent des bas de laine, des bas de coton, des chaussons, des sabots. Les garçons portent des bottes. Les filles ne portent pas de bottes. Les filles portent des bottines. Voilà des souliers de garçon. Voilà des souliers de fille. Les souliers de garçons sont lourds. Les souliers de filles sont légers. Les souliers de garçons ont des talons. Voilà les talons. Les souliers de filles n'ont point de talon. Les garçons ont beaucoup de poches. Comptez vos poches. J'ai deux poches dans ma veste (dans ma blouse); deux poches dans mon gilet; deux poches dans mon pantalon : cela fait six poches. J'ai six poches. (Faites compter à une fille.) J'ai deux poches dans mon tablier et deux poches dans ma robe, cela fait quatre poches. J'ai quatre poches.

## Répétition.

### 48ᵉ EXERCICE.

### *Le fouet.*

Voilà un fouet. Voilà le manche du fouet. Le manche du fouet est flexible. Le manche du fouet est fait de bois. Voici la lanière du fouet. La lanière du fouet est faite de cuir. Au bout de la lanière est attachée une ficelle. Cette ficelle est faite de chanvre. Les garçons jouent avec

---

1. Faites voir tout ce qu'on nomme.

le fouet. Les filles ne jouent pas avec le fouet. Les garçons font claquer le fouet. (Faites comprendre par le geste.)

## *La poupée.*

Voici une poupée. Nommez les habits de la poupée. Déshabillez la poupée. J'ôte le chapeau (le bonnet) de la poupée. J'ôte la robe de la poupée. J'ôte le jupon de la poupée. J'ôte la chemise de la poupée. J'ôte les bas de la poupée, etc. La poupée est déshabillée. Voici un lit[1]. Je couche la poupée dans le lit. Je lève la poupée. J'habille la poupée. Je mets la chemise à la poupée. Je mets le jupon à la poupée. Je mets la robe à la poupée, etc. La poupée est habillée. Je lave la poupée. (Lavez avec un bout de votre mouchoir.) La poupée fait sa prière. (Joignez-lui les mains.) — Quand tu vas te coucher, que fais-tu? — Quand je vais me coucher, je me déshabille d'abord[2]. — Comment fais-tu? — J'ôte mes souliers, puis j'ôte ma veste, ensuite j'ôte ma cravate........ enfin j'ôte mes bas. — Alors tu-es comment? — Alors je suis déshabillé. — Que fais-tu ensuite? — Ensuite je me couche. — Ensuite? — Ensuite je fais ma prière. — Et après? — Après je m'endors. —

Quand tu te lèves que fais-tu? — Quand je me lève, je m'habille. — Comment fais-tu? — Je mets d'abord mes bas. — Ensuite je mets mon pantalon (mon jupon). — Que fais-tu ensuite? — Ensuite je me lave la figure, les

---

1. Prenez un de ces petits lits qui servent de jouet aux enfants.
2. Si les enfants ne répondent pas immédiatement, on les met sur la voie, en leur disant ce qu'ils ont à répondre.

dents, les oreilles, les mains. — Que fais-tu après ? — Alors je me peigne. — Ensuite. — Ensuite je mets ma cravate (ma robe), puis..... — Quand tu as mis tous tes habits, comment es-tu alors ? — Alors je suis habillé. — Que fais-tu quand tu es habillé ? — Quand je je suis habillé, je fais ma prière.

## 49ᵉ EXERCICE.

Où met-on le mouchoir? — On met le mouchoir dans la poche. — Où met-on l'encre? — On met l'encre dans l'encrier. — Où met-on l'eau? — On met l'eau dans la cruche, dans le verre, dans la bouteille, dans la carafe. — Où met-on les bas? On met les bas aux pieds. — Où met-on les souliers, les bottes, les bottines, les chaussons, les sabots? — On met les souliers, les bottes, les bottines, les chaussons, les sabots aux pieds. — Où met-on les livres, les cahiers, l'étui à plumes? — On met les livres, les cahiers et l'étui à plumes dans le sac à livres, dans le cabas[1]. — Où met-on la cravate? — On met la cravate autour du cou. — Où met-on le sac à livres, le cabas? — On met le sac à livres, le cabas sur le banc. — Où met-on le vin, la bière, l'huile, le vinaigre? — On met le vin, la bière, l'huile, le vinaigre dans une bouteille, dans un verre. — Où met-on les rideaux? — On met les rideaux aux fenêtres. — Où met-on encore des rideaux? — On met encore des rideaux au lit. — Où met-on la casquette, le bonnet? — On met la casquette, le bonnet sur la tête. — Où se met-on quand on veut dormir? — Quand on veut dormir, on se met au lit. —

---

1. Il va sans dire que chaque substantif donne lieu à une question spéciale, suivie d'une réponse.

Où met-on la chandelle ? — On met la chandelle dans le chandelier. — Où met-on la jarretière ? (Montrez-la.) — On met la jarretière autour de la jambe. — Où met-on les bretelles ? (Montrez-les.) — On met les bretelles sur les épaules. — Où met-on le mastic ? — On met le mastic aux vitres. — Où met-on la clef ? — On met la clef dans la serrure. — Où met-on les gants ? — On met les gants aux mains. — Où met-on les agrafes ? (Montrez.) On met les agrafes à la robe. — Où met-on les boutons ? — On met les boutons à la veste, au pantalon, au gilet, à la robe. — Où met-on les plumes, le crayon ? — On met les plumes et le crayon dans l'étui à plumes.

## 50ᵉ EXERCICE.
### Le parapluie.

Voilà un parapluie. Voilà le manche du parapluie. Voici la tige du parapluie. Le manche et la tige sont faits de bois. Ou bien le manche est fait d'os, de corne. Voici des baleines. Comptez les baleines. Voici la couverture du parapluie. Cette couverture est en percale, en soie, en taffetas. J'ouvre le parapluie. Je ferme le parapluie. Quand se sert-on du parapluie ? — On se sert du parapluie quand il pleut (quand il tombe de la pluie). — Pourquoi se sert-on du parapluie ? — On se sert du parapluie pour ne pas être mouillé. — Qu'est-ce que la pluie ? — La pluie est de l'eau. — D'où vient la pluie ? — La pluie tombe du ciel. — Voilà le ciel. — Quelle est la couleur du ciel ? — Le ciel est bleu.

### Le parasol.

Voilà un parasol. Voilà la tige du parasol. Voilà le manche du parasol. Voilà les baleines. Voici la couverture du parasol. De quoi est faite la tige du parasol, le manche, la couverture ? — Ouvrez le parasol, fermez le parasol. Voilà le soleil. Où est le soleil ? — Le soleil est au ciel. Quand se sert-on du parasol ? — On se sert du parasol quand le soleil est bien chaud. — Qu'est-ce qui est chaud ? — Le soleil est chaud, le feu est chaud, le fourneau est chaud. — Quand le fourneau est-il chaud ? — Le fourneau est chaud quand il y a du feu. — Que faut-il pour faire du feu ? — Pour fair du feu il faut des allumettes, des copeaux[1] et du bois. — Quand fait-on du feu dans le fourneau ? — On fait du feu dans le fourneau quand il fait froid. Comment t'appelles-tu ? — Je m'appelle Jean L.... — Et toi, comment t'appelles-tu ? — Je m'appelle Louise X....

Quel âge as-tu ? — J'ai six ans.[2] — Et toi, quel âge as-tu ? — J'ai sept ans. — Et toi, quel âge as-tu ? — J'ai six ans et six mois. etc.

**Répétition.**

### 51ᵉ EXERCICE.

*La corbeille. Le panier. Le mannequin.*

Voici une petite corbeille. Voici un panier. Voici un mannequin. Voici le fond de la corbeille. Montre le fond du panier. Montre le fond du mannequin. Voilà l'anse de la corbeille. Voici les anses du panier. Voici l'anse du mannequin. Voici le couvercle de la corbeille. Voici le couvercle du mannequin. Le panier a deux anses. Le panier n'a pas de couvercle. La corbeille est

---

1. Montrez-en.
2. Répondez pour l'enfant, il répètera ensuite.

detite. Le panier est grand. La corbeille est plus petite que le mannequin. Le mannequin est plus petit que le panier. Le panier est plus grand que le mannequin. Le mannequin est plus grand que la corbeille.

Voici un tricot. Voici un bas achevé. Cet autre bas n'est pas achevé. Voilà une pelote de coton (de laine) bleu, blanc. Voilà les aiguilles à tricoter. Combien y en a-t-il? Il y a cinq aiguilles. Ce tricot se compose d'un bas qui n'est pas achevé, d'une pelote de coton (de laine) et de cinq aiguilles à tricoter. Mettez le tricot dans la corbeille. Je suspends la corbeille à mon bras. Voilà une pelote de fil blanc (gris, noir). Voilà des ciseaux. Voilà un dé. Voilà un étui à aiguilles (un aiguillier). Mettez tout cela dans la corbeille. Je mets les ciseaux, la pelote de fil, le dé et l'étui à aiguilles dans la corbeille. Qu'est-ce qui se trouve dans la corbeille?

Que peut-on mettre dans le panier? — On peut y mettre des pommes de terre, des navets, des carottes, des oignons, de l'ail, du bois. — Que peut-on mettre dans le mannequin? — On peut y mettre du pain, de la viande, des pommes[1], des noix, du café, du riz, des chandelles, du sucre.

*Le poêlon (la poêle).*

Voilà un poêlon. Voilà la queue du poêlon. Voilà les pieds du poêlon. Le poêlon a trois pieds. Ce poêlon est fait de fonte. Voilà de la suie. La suie est noire. Voilà le couvercle du poêlon. Le poêlon est lourd. On met le poêlon sur le feu. Que met-on dans le poêlon? — On y met du beurre, de la viande, du lait, des légumes.—

---

1. Montrez les objets que les enfants ne connaissent pas encore.

Pourquoi met-on la viande dans le poêlon? — On met la viande dans le poêlon pour la faire cuire. — Pourquoi met-on les légumes dans le poêlon? — On met les légumes dans le poêlon pour les faire cuire. — Pourquoi met-on le lait dans le poêlon? — On met le lait dans le poêlon pour le faire bouillir. — Pourquoi met-on le beurre dans le poêlon? — On met le beurre dans le poêlon pour le faire fondre. — Où place-t-on le poêlon? — On place le poêlon dans la cuisine. — A quoi sert le couvercle du poêlon? — Le couvercle du poêlon sert à couvrir le poêlon. — Voilà l'anse du couvercle. — On tient le couvercle par l'anse.

### 52ᵉ EXERCICE.

*Le pot. L'assiette. La tasse. La cuiller.*

Voilà un pot. Voilà une assiette. Voilà une tasse. Voilà une cuiller. Ce pot est fait de terre. Voici l'anse du pot. Cette assiette est faite de terre. Cette assiette est plate. Cette autre assiette est faite de faïence. Cette tasse n'est pas plate, elle est profonde. Cette tasse est aussi faite de faïence. Cette cuiller est faite d'étain. Il y a aussi des assiettes qui sont faites d'étain. Il y a aussi des cuillers qui sont faites de bois et des fourchettes de bois. Avec la fourchette et la cuiller de bois on mêle la salade. Il y a aussi des cuillers de fer. Il y a aussi des cuillers en argent. (Montrez une pièce d'argent.) Voici de l'argent.

*Le moulin à café.*

Voici un moulin à café. Voici la manivelle. Voici l'entonnoir. Voici le tiroir. Je tourne la manivelle. Voici du café. Je mets du café dans l'entonnoir. Je mouds du café. Je retire le tiroir. Dans le tiroir il y a du café moulu. Le moulin à café sert à moudre le café. On retire le tiroir par un bouton. Le café est brun. Le café est amer. De quoi est faite la manivelle? De quoi est fait le tiroir? De quoi est fait l'entonnoir? Voilà de la chicorée. On met de la chicorée avec le café. On fait bouillir le café dans l'eau. On y verse du lait. On y met du sucre ou du sirop (de la mélasse). On y trempe du pain.

### *La passoire.*

Voici une passoire. Cette passoire est faite de fer-blanc. Voici les anses de la passoire. Je tiens la passoire par les deux anses. Je tiens la passoire par une anse. Voici le fond de la passoire. Le fond de la passoire est percé de trous. Combien de trous y a-t-il? Il y a beaucoup de trous. Quand on a lavé la salade, elle est mouillée. Quand la salade est mouillée, on la met dans la passoire pour la laisser égoutter. L'eau sort par les petits trous.

### 53e EXERCICE.
### *Les métiers.*

Quelle est la profession de ton père?— Mon père est cordonnier. Et ton père?— Mon père est boulanger. Et ton père? — Mon père est tailleur. Et ton père? — Mon père est charpentier, etc.

Le boulanger fait le pain[1]. Le meunier fait la farine. Le boucher vend la viande, les saucisses, les cervelas. Le tisserand fait la toile. Le cordier fait les cordes et les ficelles. Le cordonnier fait les bottes, les bottines, les

---

1. L'enfant comprend sans peine, parce qu'il connaît les objets principaux fournis par chaque métier.

souliers, les pantoufles. Le tailleur fait les pantalons, les vestes, les gilets. Le menuisier fait les bancs, les tables, les tableaux noirs, les règles. Le tuilier fait les tuiles, les briques. Le cloutier fait les clous. Le tanneur fait le cuir. Le chapelier fait les chapeaux. L'épicier vend du sucre, du riz, du café, des chandelles, du sel, du poivre. Le brasseur fait la bière. Le vannier fait les corbeilles, les paniers, les mannequins. L'aubergiste vend du vin, de la bière, de l'eau-de-vie. Le relieur relie les livres. La couturière fait les robes, les tabliers, les corsages, les basques. La laveuse lave les mouchoirs, les chemises, les bas, les draps de lit, les serviettes, les essuie-mains. La repasseuse repasse les chemises, les robes, les manches, les mouchoirs. Le bûcheron coupe le bois. Le ferblantier fait les étuis à plumes, les passoires. Le maçon fait les murs. Le vitrier fait les vitres, les lanternes. Voici une lanterne. L'horloger fait les pendules, les montres. Voilà une pendule. Voilà une montre.

## 54ᵉ EXERCICE.

### Le cirage.

Voilà du cirage. Le cirage sert à cirer les bottes, les souliers et les bottines. Comment fait-on pour cirer une botte? Pour cirer une botte, on met un peu de cirage sur la botte, ensuite on frotte avec une brosse. (Faites-le comprendre par le geste.)

### L'argent.

Voilà un centime. Voilà une pièce de deux centimes. Voilà une pièce de cinq centimes. Voilà un décime. Le décime vaut dix centimes. Le décime vaut cinq pièces de deux centimes, ou deux pièces de cinq centimes. Le centime, la pièce de deux centimes, la pièce de cinq centimes et le décime sont faits de cuivre (de bronze). — Voilà une pièce de vingt centimes. Voilà une pièce de cinquante centimes. Voilà un franc. Voilà une pièce de deux francs. Voilà une pièce de cinq francs. Toutes ces pièces sont faites d'argent. — La pièce de vingt centimes vaut vingt pièces d'un centime, ou dix pièces de deux centimes, ou quatre pièces de cinq centimes, ou enfin deux décimes. — La pièce de cinquante centimes vaut cinquante pièces d'un centime, ou vingt-cinq pièces de deux centimes, ou dix pièces de cinq centimes, ou cinq décimes, ou deux pièces de vingt centimes et un décime. — Le franc vaut deux pièces de cinquante centimes, ou cinq pièces de vingt centimes, ou dix décimes, ou cent centimes. — La pièce de deux francs vaut deux pièces d'un franc, ou quatre pièces de cinquante centimes, ou dix pièces de vingt centimes, ou vingt décimes; ou quarante pièces de cinq centimes. — La pièce de cinq francs vaut cinq pièces d'un franc, ou dix pièces de cinquante centimes, ou vingt-cinq pièces de vingt centimes, ou cinquante décimes, ou enfin cent pièces de cinq centimes. — Il y a enfin des monnaies en or, savoir : des pièces de cinq francs, de dix francs, de vingt francs, de cinquante francs et de cent francs.

**Répétition.**

### 55ᵉ EXERCICE.

*L'œuf.*

Voilà un œuf. Cet œuf est ovale. Cet œuf est blanc. Voilà un œuf d'oie. Voilà un œuf de poule. Voilà un œuf de canard. L'œuf d'oie est plus grand que l'œuf de poule. L'œuf de canard est plus petit que l'œuf d'oie. Voici une coque d'œuf. On peut manger les œufs. Peut-on manger la coque? — Non, on ne peut pas manger la coque. (Ouvrez un œuf.) Dans l'œuf il y a du blanc et du jaune. (Mettez sur une assiette.) Voilà du blanc d'œuf. Voilà du jaune d'œuf. Qui est-ce qui nous donne les œufs? — La poule nous donne des œufs. Le canard nous donne des œufs. L'oie nous donne des œufs.[1] La poule, l'oie et le canard sont des oiseaux. Avec les œufs on peut faire des omelettes. Que faut-il pour faire une omelette? — Pour faire une omelette, il faut des œufs, de la farine, du lait, du sel et du beurre fondu.

*Les légumes.*

La pomme de terre est un légume. Le navet est un légume. La carotte est un légume. Le chou est un légume. Le chou frisé est un légume. Le chou-fleur[2] est un légume. Le chou-rave est un légume. L'asperge est un légume. Le scorsonère est un légume. L'artichaut est un légume. Les épinards sont un légume. Les petits-pois sont un légume. La bette est un légume. Les haricots verts sont un légume. Les haricots marinés sont un légume.

## 56ᵉ EXERCICE.

*Plantes qu'on mange en salade.*

La laitue est une plante qu'on mange en salade. L'endive est une plante qu'on mange en salade. Le cresson est une plante qu'on mange en salade. Le pissenlit est

---

1. On n'a qu'à montrer successivement les différentes espèces d'œufs et les enfants saisiront parfaitement.

2. Montrez en nature ou sur un tableau d'images.

une plante qu'on mange en salade. Toutes ces plantes croissent dans le jardin.

### *Plantes qui servent d'assaisonnement.*

Le persil est une plante qui sert d'assaisonnement. Le céléri est une plante qui sert d'assaisonnement. L'oseille est une plante qui sert d'assaisonnement. La ciboulette (cive, civette) est une plante qui sert d'assaisonnement. Le poireau (porreau) est une plante qui sert d'assaisonnement. Le cerfeuil est une plante qui sert d'assaisonnement. L'ail est une plante qui sert d'assaisonnement. Le cumin est une plante qui sert d'assaisonnement. L'oignon est une plante qui sert d'assaisonnement. L'échalotte est une plante qui sert d'assaisonnement. L'estragon est une plante qui sert d'assaisonnement. La bourrache est une plante qui sert d'assaisonnement. Toutes ces plantes croissent dans le jardin.

### *Quelques autres productions du jardin.*

On mange les concombres. On en fait de la salade. Les petits concombres s'appellent des cornichons. Qu'est-ce que les cornichons? — Les cornichons sont de petits concombres. On mange le raifort. On peut le manger cru. On peut aussi le manger quand il est cuit. Peut-on manger la citrouille? Peut-on manger le melon?

### 57ᵉ EXERCICE.
### *Les fleurs.*[1]

La rose est une fleur. L'œillet est une fleur. La violette est une fleur. La tulipe est une fleur. Le lis est une fleur.

---

1. Montrez-les en nature ou en images coloriées.

La giroflée est une fleur. Le tournesol est une fleur. Le dahlia est une fleur. La pensée est une fleur. La marguerite (pâquerette) est une fleur. La primevère est une fleur. Le jasmin est une fleur. Le lilas est une fleur. La germandrée est une fleur. Le bluet est une fleur. Le coquelicot est une fleur. La renoncule est une fleur. La perce-neige est une fleur. La pivoine est une fleur. Le souci est une fleur. Le muguet est une fleur. L'auricule est une fleur. La sanguine est une fleur. La rose de Gueldres est une fleur. La capucine est une fleur. L'aster est une fleur. La balsamine est une fleur. La belle-de-nuit est une fleur. Le narcisse est une fleur. La pervenche est une fleur. La jacinthe est une fleur. Le chèvre-feuille est une fleur. Le géranium est une fleur. L'aconit est une fleur. L'anémone est une fleur. — Toutes ces fleurs croissent dans le jardin. Les fleurs ont de belles couleurs. Les fleurs sentent bon. (Approchez du nez plusieurs fleurs qui sentent bon et exprimez par la mimique la sensation agréable que vous éprouvez.)

## Répétition.

### 58ᵉ EXERCICE.
*Le rouet. Le dévidoir.*

Voilà un rouet. Le rouet est fait de bois. L'homme qui fait le rouet s'appelle le tourneur. Voici la roue du rouet. Voici la pédale. On met le pied sur la pédale. La pédale fait tourner la roue. Voilà la gorge de la roue. Voici les rayons de la roue. Voici une corde à boyau. Voici le fuseau. Voici les ailes du fuseau. Les ailes du fuseau sont garnies de petits crochets en fil de fer. Voici la bobine. Quand la roue tourne, elle fait tourner aussi le fuseau et la bobine. Voici la quenouille. Voici de la filasse. La filasse c'est du chanvre (du lin). La filasse est attachée à la quenouille. Voici le fil. Le fil s'enroule autour de la bobine. Voici un dévidoir. Le tourneur fait aussi le dévidoir. Voici la roue du dévidoir. Voici les rayons de la roue. Combien y a-t-il de rayons? Je fais tourner la roue du dévidoir. — A quoi sert le rouet? — Le rouet sert à filer. — A quoi sert le dévidoir? — Le dévidoir sert à dévider le fil. Voilà un écheveau. Que fait-on du fil? — On en fait de la toile. Comment appelle-t-on l'homme qui fait la toile? — L'homme qui fait la toile s'appelle le tisserand. Que fait-on de la toile? — On en fait des chemises, des serviettes, des essuie-mains, des nappes, des draps de lit.

### Le baquet.

Voici un baquet. Voici les douves. Compte les douves. Voici les portants. Voici les cercles. Un cercle, deux cercles, trois cercles, quatre cercles. Ces cercles sont en bois. Il y a aussi des baquets dont les cercles sont en fer ou en cuivre. Voici le fond du baquet. On met de l'eau dans le baquet. Comment appelle-t-on l'homme qui fait le baquet? — L'homme qui fait le baquet s'appelle le tonnelier.

### 59e EXERCICE.
### Les fruits.[1]

La pomme est un fruit. La poire est un fruit. La noix est un fruit. La noisette est un fruit. La cerise est un

---

1. Montrez les fruits en nature ou au moyen d'images bien faites.

fruit. Le bigarreau est un fruit. La fraise est un fruit. L'abricot est un fruit. La pêche est un fruit. La prune est un fruit. La mirabelle est un fruit. La reine-claude est un fruit. La gadelle est un fruit. La groseille est un fruit. La framboise est un fruit. La mûre est un fruit. La myrtille est un fruit. La nèfle est un fruit. Le coing est un fruit. La cornouille est un fruit. La figue est un fruit. Le raisin est un fruit. L'amande est un fruit.

### *Les arbres fruitiers.*

Un arbre qui produit des pommes est un pommier. Un arbre qui produit des poires est un poirier. Un arbre qui produit des noix est un noyer. Un arbre qui produit des cerises est un cerisier. Un arbre qui produit des abricots est un abricotier. Un arbre qui produit des pêches est un pêcher. Un arbre qui produit des prunes est un prunier. Un arbre qui produit des mirabelles est un mirabellier. Un arbre qui produit des reines-claude est un reine-claudier. Un arbre qui produit des mûres est un mûrier. Un arbre qui produit des nèfles est un néflier. Un arbre qui produit des coings est un cognassier. Un arbre qui produit des cornouilles est un cornouiller. Un arbre qui produit des figues est un figuier. Un arbre qui produit des amandes est un amandier. La plante qui produit les fraises et un fraisier. L'arbuste qui produit les noisettes est un noisetier. L'arbuste qui produit les gadelles est un gadelier. L'arbuste qui produit les groseilles est un groseillier. L'arbuste qui produit les framboises est un framboisier. L'arbuste qui produit les myrtilles est un myrtillier. L'arbuste qui produit les raisins c'est la vigne.

## 60ᵉ EXERCICE.

### *Différentes espèces de blé.*

Voici du froment. Voici du seigle. Voici de l'orge. Voici de l'avoine. Voici un épi de froment. Voici un épi de seigle. Voici un épi d'orge. Dans chaque épi il y a plusieurs grains. Le froment, le seigle et l'orge donnent de la farine. Voici de l'épeautre. Voici un épi d'épeautre. L'épeautre donne aussi de la farine. — Les chevaux mangent l'avoine. — Voici du maïs. Voici un épi de maïs. Il y a du maïs jaune et du maïs rouge. On donne le maïs à manger aux cochons, aux oies. Le maïs donne aussi du gruau.

### *Légumes secs.*

Voici des pois. Voici des haricots. Voici des lentilles. Voici des féveroles. Voici une gousse de pois. Voici une gousse de haricot. Voici une gousse de lentille. Voici une gousse de féverole. Les pois, les haricots, les lentilles et les féveroles sont des légumes secs.

### *Graines diverses.*

Voilà du colza. Que fait-on du colza? — On en fait de l'huile. Voici des graines de pavot. Que fait-on des graines de pavot? — On en fait de l'huile. Voici du chènevis. Que fait-on du chènevis? — On en fait de l'huile. On donne aussi le chènevis à manger aux canaris. Voici des graines de lin. Que fait-on des graines de lin? — On en fait de l'huile.

**Répétition générale.**

## CHAPITRE II.

## Intuition matérielle médiate ou indirecte.

TABLEAUX INTUITIFS

par Fr. Schreiber.

61$^e$ EXERCICE (tableau n° 1).

*Meubles d'école.*

Voici un tableau d'images. Ce tableau d'images est carré, mince, léger. Ce tableau d'images est fait de carton et de papier. Ce tableau d'images est suspendu à un clou. (Montrez des bancs en nature.) Voilà des bancs d'école. (Montrez les bancs dessinés sur le tableau.) Voilà des bancs d'école dessinés, peints. Ces bancs sont-ils aussi faits de bois? — Non, Monsieur, ces bancs ne sont pas faits de bois. — Peut-on s'asseoir sur ces bancs? — Non, Monsieur, on ne peut pas s'asseoir sur ces bancs. — Pourquoi pas? — Parce que ce ne sont pas des bancs véritables, mais des bancs dessinés; c'est une image qui représente des bancs.[1]

Voilà un banc long. Ce banc long a quatre pieds. Voici les quatre coins de ce banc. On peut s'asseoir sur

---

[1]. Il va sans dire qu'on n'obtiendra pas ces réponses du premier coup; c'est au maître à les faire arriver par des questions habilement dirigées.

les bancs longs. Peut-on aussi s'asseoir sur ce banc-là ? — Non, Monsieur, parce que ce n'est pas un banc véritable ; c'est l'image d'un banc. — Comment appelle-t-on l'ouvrier qui fait les bancs d'école et les bancs longs ? — C'est le menuisier qui fait les bancs d'école et les bancs longs.

Voici une estrade. Sur cette estrade se trouvent une chaise et un pupitre. Le pupitre a quatre pieds ; la chaise a aussi quatre pieds. Sur le pupitre se trouvent des cahiers, une règle, une plume, un livre. Le maître s'assied sur cette chaise. Dans le pupitre, on met des cahiers, des ardoises, des crayons, des registres, des plumes.

Voici le couvercle du pupitre. Ce couvercle est incliné. Pourquoi ce couvercle est-il incliné ? — Pour que le maître puisse écrire plus facilement. — Les enfants écrivent-ils aussi au pupitre ? — Non, Monsieur, le maître seul écrit au pupitre. — Où les enfants écrivent-ils ? — Les enfants écrivent aux bancs.

### 62ᵉ EXERCICE (tableau n° 1).

Voici un tableau noir. Ce tableau noir est placé sur un chevalet. Voici le chevalet. Voici le pied du chevalet. Voici une traverse. Voici les montants du chevalet. Sur ce tableau noir se trouvent écrites des lettres blanches. — Avec quoi écrit-on sur le tableau noir ? — On écrit sur le tableau noir avec de la craie. — Ne peut-on pas écrire sur le tableau noir avec une plume ? — Non, Monsieur, on ne verrait pas l'écriture. — Tous les tableaux noirs sont-ils placés sur des chevalets comme celui-ci ? — Non, Monsieur, il y a aussi des tableaux noirs fixés au mur. — Ce tableau est-il mobile ou immobile ? — Ce tableau noir est mobile. — Et les tableaux noirs fixés au mur, comment sont-ils? — Les tableaux noirs fixés au mur sont immobiles.

Voici un tableau de lecture. Ce tableau de lecture est suspendu à un chevalet. On peut aussi suspendre les tableaux de lecture à un clou fixé dans le mur. — Que fait-on du tableau de lecture? — On s'en sert pour apprendre à lire aux enfants.

Voici une ardoise. Voici le cadre de l'ardoise. Toutes les ardoises n'ont pas de cadre. Les ardoises de l'école sont fixées dans les tables. On écrit sur l'ardoise; on calcule sur l'ardoise. On efface ce qu'on écrit sur l'ardoise avec un petit chiffon ou avec une éponge.

Voici un livre. Voici un canif. Voici un crayon. Voici une plume. Voici un étui à plumes. Voici une règle large. Montre-moi le fendoir du canif. A quoi sert le fendoir? — Le fendoir sert à fendre la plume. A quoi sert le canif? De quoi est faite la lame? De quoi est fait le manche? Comment appelle-t-on l'ouvrier qui fait le canif?

Quelle est la forme de ce crayon? — Ce crayon est cylindrique; il est taillé. A quoi sert le crayon? — Le crayon sert à dessiner, à régler, à calculer, à écrire.

Cette plume est taillée; elle est coupée par le haut. C'est une plume d'oie. Il y a aussi des plumes métalliques. Les plumes métalliques n'ont point de barbes. — Nommez quelques qualités de la plume. La plume est légère. La plume est flexible. La plume est dure, molle. On peut acheter cinq plumes pour cinq centimes, donc une plume coûte un centime.

### 63ᵉ EXERCICE (tableau n° 1).

Voici un étui à plumes. De quoi est-il fait? — Cet étui à plumes est fait de bois (de fer-blanc). Voici le couvercle de l'étui à plumes. Que met-on dans l'étui à plumes? — On y met des plumes, des crayons, des crayons d'ardoises. Qui fait les étuis à plumes en bois? — Le tourneur fait les étuis à plumes en bois. Qui fait les étuis en ferblanc? — Le ferblantier fait les étuis à plumes en ferblanc. Qui se sert des étuis à plumes? — Les écoliers se servent des étuis à plumes. Pourquoi ont-ils des étuis à plumes? — Ils ont des étuis à plumes pour ne pas perdre leurs plumes et leurs crayons.

Voici une règle large. On se sert de la règle large pour dessiner. Peut-on aussi régler les cahiers avec une pareille règle? — Oui, Monsieur, mais on se sert ordinairement d'une règle carrée. Regarde maintenant tous les objets dessinés sur ce tableau et dis-moi où on les trouve. — On trouve tous ces objets à l'école. Pour cette raison on les appelle aussi : *Meubles d'école*. Que vois-tu sur ce tableau? — Sur ce tableau je vois des meubles d'école.

Nomme-moi encore des meubles d'école qui ne sont pas dessinés sur ce tableau? — Il n'y a pas de fourneau, point de carte géographique, point de mètre, point d'armoire, point d'éponge, point de boulier.

Quels sont les objets lourds? Quels objets sont grands? Quels objets sont légers. Quels objets sont petits? Quels sont les objets qu'on peut suspendre? Quels sont les objets qu'on peut porter? Quels sont les objets qu'on peut mettre en poche?

La chaise du maître est-elle entièrement faite de bois? — Non, le siége de la chaise du maître n'est pas fait de bois. Ce siége est rembourré. Toutes les chaises sont-elles rembourrées? — Non, Monsieur, il y a des chaises qui sont entièrement faites de bois; il y en a aussi dont le siége est fait de paille.

64ᵉ EXERCICE (tableau n° 2).

*Meubles ordinaires.*

Voici un portrait (un tableau, une image encadrée). Voici une chaise rembourrée. Voici une glace (un miroir). Voici un lit. Voici une commode. Voici une table carrée. Voici une armoire. Voici un secrétaire. Voici un canapé. Tous ces objets sont des *meubles.*

Ce portrait est suspendu au mur par un clou. Voici le cadre. Ce portrait représente un monsieur. Le portrait est couvert d'un verre. Le portrait est accroché au clou par un anneau.

Cette chaise est ronde. Cette chaise est belle. Le siége de cette chaise est rembourré et recouvert d'une étoffe rouge. Voici le dossier de la chaise.

Quand on est assis sur une chaise, on appuie le dos contre le dossier. Cette chaise est ronde. Il y a aussi des chaises carrées.

Voici un miroir. On regarde dans le miroir quand on se lave, quand on se peigne, quand on s'habille. Quand on regarde dans le miroir, on voit son image. Ceci est un petit miroir. Il y a aussi de grands miroirs avec des cadres dorés. Il y a aussi des miroirs de poche. Quand on regarde dans l'eau claire, on voit aussi son image.

Voici un lit. Voici le bois de lit (le châlit). Le lit se compose d'une paillasse (d'un sommier), d'un matelas ou de deux matelas, d'un rouleau, de deux ou trois oreillers, d'une couverture, de deux draps de lit, d'un couvre-pieds. Quelquefois il y a aussi un lit de dessous. Il y a ensuite des taies, des rideaux. Ce lit n'a pas de rideaux.

On se couche dans le lit pour dormir. Quand se couche-t-on? — On se couche quand on est fatigué, quand on a sommeil, quand on est malade, quand il fait nuit. Avant de s'endormir, il faut faire sa prière.

### 65ᵉ EXERCICE (tableau 2).

Les petits enfants couchent au berceau. Le berceau est un petit lit. Les grandes personnes couchent dans de grands lits. Les vaches, les chevaux, les brebis et les autres animaux ne couchent pas dans des lits; ils dorment sur la litière. La litière, c'est de la paille ou des feuilles sèches. Quand se couche-t-on pendant le jour? — On se couche pendant le jour, quand on est malade.

Voici une commode. Cette commode a trois tiroirs. Voici le tiroir supérieur. Voici le tiroir inférieur. Voici le tiroir du milieu. Que met-on dans la commode? — On y met toutes sortes d'objets d'habillement: des gilets, des bas, des cravates, des fichus, des tabliers, des bonnets; puis des mouchoirs, des serviettes, des chemises, etc. Il y a aussi des commodes qui ont quatre ou cinq tiroirs. Chaque tiroir peut être fermé à clef. Quand on veut ouvrir un tiroir, on met la clef dans le trou de la serrure et on la tourne.

Voici une armoire. Voici la porte de l'armoire. Voici

la corniche de l'armoire. La porte de l'armoire est attachée avec des fiches. Cette armoire n'a qu'une seule porte; mais il y a aussi des armoires qui ont deux portes. — Que met-on dans l'armoire? — On y met les robes, les pantalons, les redingotes, les paletots, les jupons, les mantelets, les manteaux, les draps de lit, les taies, les serviettes, les essuie-mains.

Voici une table carrée. Il y a aussi des tables rondes. Voici le tiroir de la table. Voici la tablette. Voici le tréteau de la table. Que met-on dans le tiroir de la table? — On y met les couteaux, les fourchettes, les cuillères, le pain. Le tiroir est garni d'un bouton. Pour ouvrir le tiroir, on le tire par ce bouton. On se met à table pour manger, pour écrire.

## 66ᵉ EXERCICE (tableau 2).

Voici un secrétaire. Ce secrétaire est ouvert. Dans ce secrétaire il y a beaucoup de tiroirs. Il y a de grands tiroirs et de petits tiroirs. Il y a quatre grands tiroirs et treize petits tiroirs. Compte les grands tiroirs. Compte les petits tiroirs. Qu'y a-t-il dans les trois grands tiroirs d'en bas? — Il y a des gilets, des chemises, des mouchoirs, du linge. Qu'y a-t-il dans les autres tiroirs? — Il y a des papiers, des livres, des cahiers, de l'argent, des plumes, des crayons.

Y a-t-il un secrétaire dans toutes les maisons? — Non, Monsieur, il n'y a pas de secrétaire dans toutes les maisons.

Voici un canapé. Ce canapé est beau. Ce canapé est rembourré. Voici le dossier du canapé. Voici deux rouleaux. Ce canapé est couvert d'une étoffe rouge. On s'assied sur le canapé.

Nomme d'autres meubles qui ne sont pas dessinés sur ce tableau. Le fauteuil est un meuble; le buffet, le tabouret, l'escabeau, la table de nuit, le fourneau, le piano, la pendule, la cage de pendule, le coffre, les bancs fixes, les bancs mobiles sont des meubles.

Quelle ressemblance y a-t-il entre le canapé et la chaise? — Le canapé est rembourré, la chaise est aussi rembourrée. Le canapé est recouvert d'une étoffe rouge, la chaise est aussi recouverte d'une étoffe rouge. On s'assied sur le canapé, on s'assied aussi sur la chaise. Le canapé a un dossier, la chaise a aussi un dossier. Le canapé est un meuble, la chaise est aussi un meuble.

Quelle ressemblance y a-t-il entre ce miroir et ce tableau (portrait)? — Le miroir est entouré d'un cadre, le tableau est aussi entouré d'un cadre. Le miroir est suspendu au mur, le tableau est aussi suspendu au mur.

Quelle ressemblance y a-t-il entre la commode et l'armoire? entre la commode et le secrétaire?

**Répétition.**

### 67ᵉ EXERCICE (tableau 3).

*Vaisselle, ustensiles divers.*

Voici une assiette. Voici une soupière. Voici une cuiller (cuillère) à servir. Voici un chandelier avec une chandelle qui brûle. Voici un couteau de table. Voici une cuiller. Voici une fourchette. Voici des mouchettes.

Cette assiette est faite de terre. Il y a aussi des assiettes d'étain, de faïence, de porcelaine. Cette soupière est faite d'étain. Cette cuiller à servir et cette autre cuiller sont aussi faites d'étain.

Que sert-on dans la soupière? — On y sert de la soupe, du riz, de la bouillie. — Que sert-on avec cette cuiller? — Avec cette cuiller on sert la soupe, le riz, la bouillie et d'autres aliments liquides. Cette cuiller a un long manche. Quelquefois ce manche est en bois. Cette assiette est profonde; on y sert la soupe, le lait, le riz, la bouillie et d'autres aliments liquides. On a aussi des assiettes plates pour servir la viande, la salade, les légumes.

Voilà un couteau de table. Il y a aussi des couteaux de poche. La lame des couteaux de table est fixe. La lame des couteaux de poche est mobile. Le manche de ce couteau est fait de bois ou de corne. Que fait-on de ce couteau? — On s'en sert pour couper le pain, la viande, le fromage. De quoi est faite la lame? — La lame de ce couteau est faite d'acier. Quand le couteau ne coupe pas bien, que faut-il faire? — Quand le couteau ne coupe pas bien, il faut l'aiguiser. (Faites comprendre par le geste.) Cette fourchette a trois fourchons. Ces fourchons sont pointus. Il y a aussi des fourchettes à quatre fourchons, et puis de grandes fourchettes à deux fourchons. Cette fourchette est faite d'acier. Il y a aussi des fourchettes en bois pour mêler la salade. Le coutelier fait les fourchettes et les couteaux; que fait-il encore? — Que mange-t-on en se servant de la cuiller? — On se sert de la cuiller pour manger la soupe, la bouillie, la soupe au lait, le riz et tous les aliments liquides. Les gens riches ont des cuillers en argent. Pourquoi les pauvres gens n'ont-ils pas de cuillers en argent? — Ils ne peuvent pas en acheter, ils n'ont pas beaucoup d'argent. Dans la cuisine on emploie aussi des cuillers en fer. Que fait-on de ces cuillers? — On s'en sert pour gratter les poêles, les marmites.

### 68ᵉ EXERCICE (tableau n° 3).

Voici une lumière: c'est un chandelier avec une chandelle qui brûle. Voilà le pied du chandelier. Ce pied est en cuivre jaune. Voici le bassin. Le bassin est aussi en cuivre jaune. Voici la tige du chandelier. Cette tige est en bois. Il y a aussi des chandeliers en fer, en bois avec un binet en fer-blanc. La chandelle est faite de suif. Voici la mèche. La mèche est faite de coton. Voici la flamme. Quand la chandelle brûle, le suif se fond et la chandelle devient de plus en plus courte. On brûle aussi des bougies. Les bougies sont faites de cire. A l'église on brûle des cierges. Les cierges sont aussi faits de cire.

Quand la mèche est longue, noire, brûlée, on mouche la chandelle. Avec quoi mouche-t-on la chandelle? — On mouche la chandelle avec les mouchettes. Quand on approche les doigts de la flamme, on se brûle.

Ces mouchettes sont faites de cuivre jaune. Il y a aussi des mouchettes en fer. Voici le bec des mouchettes. Voici le bassinet des mouchettes. Voici les branches des mouchettes. Chaque branche se termine par un anneau.

Quand allume-t-on la chandelle? — On allume la

chandelle quand il fait nuit. Pourquoi n'allume-t-on pas la chandelle pendant le jour? — Parce qu'il fait clair. Pourquoi fait-il clair? — Parce que le soleil luit. Où est le soleil? — Le soleil est au ciel. Montre le soleil. Voici le soleil. Qui est-ce qui fait luire le soleil? — C'est le bon Dieu qui fait luire le soleil. Il y a des personnes qui ont des lampes. Dans les lampes il y a de l'huile. Quand les chandelles ne sont pas bonnes, le suif coule. Que coûte une chandelle? — Une chandelle coûte dix centimes. Qui fait les chandelles? Le fabricant de chandelles fait les chandelles.

Voici une cruche. Voici le bec de la cruche. Voici l'anse de la cruche. Cette cruche est faite de grès. Que met-on dans une pareille cruche? — On y met de l'eau.

Voici un gobelet (une timbale). Ce gobelet est fait de fer-blanc. Que fait-on du gobelet? — On boit dans le gobelet. Qui boit dans le gobelet? — Les enfants boivent dans le gobelet. Les grandes personnes boivent dans des verres. Pourquoi ne donne-t-on pas un verre aux petits enfants? — Parce que les enfants casseraient le verre. Qui fait les gobelets? — Le ferblantier fait les gobelets.

### 69ᵉ EXERCICE (tableau n° 3).

Voici un verre à pied. Le verre à pied est fait de verre. Que sert-on dans le verre à pied? — On y sert de l'eau-de-vie et d'autres liqueurs. Les enfants ne doivent pas prendre des liqueurs; ils en seraient malades.

Voilà une carafe. La carafe est aussi faite de verre.

Dans cette carafe il y a du vin rouge. Il existe aussi du vin blanc. Voici le col de la carafe. La carafe n'est pas entièrement remplie. On a versé du vin dans le verre. Voici un verre à boire. On boit dans le verre. Le verre à boire est cassant. La carafe est aussi cassante. Tous les objets faits de verre sont cassants. On boit la bière dans de grands verres. D'où vient le vin? — Le vin vient des raisins. Les raisins viennent des vignes.

Voici une bouteille. Cette bouteille est faite de verre. Le verre dont est fait la carafe, est blanc. Le verre dont est fait cette bouteille, est vert (jaune). Voilà un bouchon. Ce bouchon est fait de liége. Le liége est léger. Qu'y a-t-il dans cette bouteille? — Il y a du vin dans cette bouteille. Voici le fond de la bouteille. Le fond de la bouteille est épais. On a aussi des bouteilles blanches. Le col des bouteilles vertes est étroit. Le col des bouteilles blanches est large.

Voici une cafetière. Voici le pied de la cafetière. Voici l'anse de la cafetière. Voici le couvercle de la cafetière. Voici le goulot de la cafetière. Voici une tasse. Voici le pied de la tasse. Voici l'anse de la tasse. Voilà une soucoupe. La tasse est placée dans la soucoupe.

Voilà un pot au lait. Voici le bec du pot au lait. La cafetière, la tasse, la soucoupe, le pot au lait sont faits de terre. Ils peuvent aussi être faits de faïence ou de porcelaine. Il y a aussi des cafetières qui sont faites de fer-blanc. Dans la cafetière on sert le café. Le café est noir. Le café est amer. On adoucit le café avec du sucre ou de la mélasse (du sirop). Dans le pot au lait on sert le lait. Le lait est blanc. Le lait vient de la vache. La chèvre donne aussi du lait. Quand on veut prendre le café, on verse un peu de café dans la tasse, ensuite on y verse du lait, enfin on y met un ou deux morceaux de sucre ou une cuillerée de sirop et on y trempe quoi? — On y trempe un morceau de pain, un petit pain, ou un gâteau, ou bien encore un craquelin. On prend ordinairement le café au lait comme déjeuner. On peut aussi prendre le café à l'eau; alors on n'y verse pas de lait et on n'y trempe pas de pain. C'est le potier qui fait les cafetières, les tasses, les soucoupes, les pots au lait. Que fait-il encore, le potier?

70$^e$ EXERCICE (tableau n° 4).

*Batterie de cuisine.*

Voici des ustensiles de cuisine : une pelle à feu, un fourgon, un rabot à concombres, une râpe, des pincettes (une pince), une cuvette, un chaudron (une chaudière), un trépied, un mortier avec son pilon, un soufflet, un seau à manche, une casserole de cuivre, une marmite de terre, un couvercle, un cuiller à pot, un grand pot au lait, une marmite de cuivre, un entonnoir, un poêlon (une petite poêle), une passoire, une fourchette de cuisine, une cuiller à dresser, une écumoire.

Combien d'objets y a-t-il sur ce tableau? — Il y a vingt-trois objets sur ce tableau. Nomme-moi les objets qui sont grands, les objets qui sont petits, ceux qui sont légers, ceux qui sont lourds, ceux qu'on peut suspendre, ceux qui sont cassants.

La pelle à feu est faite de fer. La pelle à feu a un

manche long. Le manche est attaché à la pelle par des rivets. Compte les rivets. Un rivet, deux rivets. La pelle à feu est garnie d'un rebord. Voici le rebord, à gauche, à droite et derrière. Avec la pelle à feu on sort les cendres du fourneau. On se sert aussi de la pelle à feu pour porter la braise. La braise brûle. On porte aussi le charbon avec la pelle à feu.

Le fourgon est fait de fer; le manche du fourgon est en bois. On se sert du fourgon pour arranger le feu.

Le rabot à concombres sert à raboter les concombres, les navets, les oignons. Voici la lame du rabot à concombres. Cette lame est faite d'acier; elle est tranchante. Des deux côtés du rabot à concombres il y a un rebord. Pourquoi ce petit trou au haut du rabot? — Ce petit trou sert à accrocher le rabot à un clou.

La râpe sert à râper le raifort, le sucre. Voici le cadre de la râpe. Ce cadre est fait de bois. Le haut du cadre est arrondi et percé d'un trou. A quoi sert ce trou? Ce trou sert à accrocher la râpe. Voici la lame de la râpe. Cette lame est faite de fer-blanc, elle est bombée, elle est garnie de dents.

Les pincettes sont faites de fer. Voici les deux branches des pincettes: une branche, deux branches. On se sert des pincettes pour arranger le feu, pour prendre des braises.

La cuvette et le chaudron sont faits de cuivre rouge. C'est le chaudronnier qui fait les cuvettes, les chaudrons, les casseroles de cuivre et les marmites de cuivre. La cuvette a deux anses en fer. Le chaudron a aussi deux anses en fer. Les anses servent à porter la cuvette et le chaudron. Dans la cuvette il y a de l'eau. On y rince les verres, les bouteilles. Dans le chaudron on fait bouillir l'eau. On peut aussi y préparer des aliments.

71$^e$ EXERCICE (tableau n° 4).

Ce trépied est triangulaire; il a trois pieds; il est fait de fer. On place le trépied sur le feu, on place les casseroles sur le trépied.

Voici un mortier en cuivre jaune. Il y a aussi des mortiers en fer (et des mortiers en bois, en porcelaine). Ce mortier est épais, lourd. Voilà le pilon du mortier. Le pilon est aussi lourd. Voici les portants (les tenons) du mortier. On se sert du mortier pour piler le sucre, la coriandre.

Voilà un soufflet. Le soufflet est fait de bois, de cuir et de fer-blanc. Le tube du soufflet est fait de fer-blanc. Voici la soupape du soufflet. Voici les deux branches du soufflet. Le soufflet fait du vent. Avec le soufflet on souffle sur le feu. Pourquoi souffle-t-on sur le feu? — On souffle sur le feu pour le faire brûler. On peut aussi souffler de la bouche. Soufflez. — Je souffle. Quand on ouvre le soufflet l'air entre par la soupape. Quand on ferme le soufflet, l'air sort par le tube. (Si les enfants ne saisissent pas, montrez-leur un soufflet en nature).

Voilà un seau à manche, en cuivre rouge. Le manche est fait de fer. Il se termine par un crochet. A quoi sert ce crochet? — Ce crochet sert à suspendre le seau. Le seau sert à puiser de l'eau dans un baquet. L'intérieur du seau est étamé, c'est-à-dire couvert d'étain.

La cuvette est aussi étamée, le chaudron est étamé; tous les vases de cuivre rouge sont étamés.

Voici une casserole. Cette casserole est faite de cuivre jaune. Cette casserole a un manche de fer. Le manche de la casserole se termine par un crochet. Le manche est attaché à la casserole au moyen de trois rivets. A quoi sert le manche? — Le manche sert à porter la casserole. Le crochet sert à suspendre la casserole. [A quoi sert la casserole? — La casserole sert à chauffer de l'eau, à préparer les aliments.

Voici une marmite de terre; cette marmite a trois pieds, une anse. Voici le couvercle de la marmite. Ce couvercle est aussi fait de terre. C'est le potier qui fait la marmite et le couvercle en terre. A quoi sert la marmite de terre? — On y fait bouillir le bœuf et on y prépare divers aliments. A quoi sert le couvercle? — Le couvercle sert à couvrir la marmite. Il y a aussi des couvercles en fer qu'on met sur les marmites en fer.

Voici une marmite en cuivre rouge. Cette marmite a trois pieds, une anse; elle est étamée. Qui fait les marmites en cuivre? A quoi sert l'anse de la marmite?

## 72$^e$ EXERCICE (tableau 4).

Voici une cuiller à pot. Cette cuiller est faite de bois, elle a un manche terminé en crochet. Ce crochet sert à suspendre la cuiller à pot. On se sert de la cuiller à pot pour remuer[1] les aliments qu'on fait cuire dans les casseroles et les marmites.

Ce pot au lait est fait de terre, il est très-grand. Ce

---

1. Faites comprendre par le geste.

grand pot peut renfermer beaucoup de lait. Voici le bec du pot à lait. A quoi sert ce bec? — Ce bec sert à verser le lait dans de petits vases.

Ce poêlon est fait de fonte; le manche et les pieds sont faits de fer. Nomme-moi d'autres objets en fonte. — Le fourneau est fait de fonte. Les poêles sont faites de fonte. Il y a de grandes marmites qui sont faites de fonte. Le poêlon est-il lourd ou léger? — Dans le poêlon on fait fondre le beurre; on y prépare de la bouillie pour les petits enfants. Quelle différence y a-t-il entre la casserole et le poêlon? — Le poêlon a des pieds, la casserole n'a pas de pieds. — Quelle différence y a-t-il entre le poêlon et la marmite de cuivre? — Le poêlon a un manche, la marmite de cuivre a une anse.

Voici un entonnoir. Cet entonnoir est fait de fer-blanc. L'entonnoir sert à remplir les bouteilles et les cruches. Il y a aussi de grands entonnoirs qui sont faits de bois et qui servent à emplir les tonneaux. Voici l'embouchure de l'entonnoir. A l'anse de l'entonnoir est attaché un anneau. Cet anneau sert à accrocher l'entonnoir.

Voilà une passoire. La passoire a un manche en bois. Ce manche entre dans une douille. Le fond de la passoire est percé de petits trous. Combien de petits trous y a-t-il? — Il y a beaucoup de petits trous. A quoi sert la passoire? — La passoire sert à passer le bouillon. La fourchette de cuisine est terminée d'un côté par une fourche, de l'autre côté par une palette (une spatule). A quoi sert la fourchette de cuisine? — La fourchette de cuisine sert à retourner la viande et les autres mets. La cuiller à dresser sert à sortir les légumes de la casserole ou de la marmite.

5

L'écumoire est percée de trous. L'écumoire sert à écumer la marmite. Quelle différence y a-t-il entre la cuiller à dresser et l'écumoire? — L'écumoire est percée de trous, la cuiller à dresser n'est pas percée de trous. Quelle ressemblance y a-t-il entre la passoire et l'écumoire? — La passoire est percée de trous, l'écumoire est aussi percée de trous.

Quels sont les objets de ce tableau qui ont un manche en bois? ceux qui ont une anse? ceux qui ont un manche en fer? ceux qui ont des pieds? ceux qui ont un crochet?

**Répétition.**

73ᵉ EXERCICE (tableau 5).
*Ustensiles divers.*

Voici une lanterne, une passoire, une corbeille (un mannequin), un arrosoir, un couperet, un marteau, un panier, une vrille, une pince, un rouleau, un fer à repasser, un moule à turban, une lampe, un moulin à café, une balance, un poids, des ciseaux.

Voici une lanterne. La cage de la lanterne est faite de bois. Il y a quatre vitres à cette lanterne. Voici la portière de la lanterne. La portière est attachée à la lanterne par deux charnières. (Montrez une charnière en nature, s'il en est besoin.) Voici le haut de la lanterne. Voici le bas de la lanterne. Le haut de la lanterne est percé d'un trou. La fumée sort par ce trou. Ce trou est surmonté d'un couvercle en fer-blanc. A quoi sert ce couvercle? — Ce couvercle sert à protéger la main. Voilà une anse en fil de fer. On tient la lanterne par cette anse. Dans cette lanterne se trouve une petite chandelle. On peut aussi y mettre une bougie. La chandelle est placée dans un binet. Le binet est fixé au fond de la lanterne. On allume la lanterne quand on veut sortir de nuit. Il y a de grandes lanternes et de petites lanternes; il y a aussi des lanternes rondes. Les grandes lanternes qui servent à éclairer les rues s'appellent des réverbères.

Voilà une passoire. Cette passoire est faite de fer-blanc et sert à faire égoutter la salade. L'eau sort par les petits trous du fond.

Voici une corbeille. Voici l'anse de la corbeille. Voici le couvercle de la corbeille. Cette corbeille est faite de branches d'osier. On porte la corbeille en la tenant par l'anse. On met dans la corbeille de la viande, du pain, du riz, du sucre, du beurre, des fruits, des œufs, etc. L'homme qui fait la corbeille s'appelle vannier. Le vannier fait aussi des paniers. Le panier a deux anses. Le panier est aussi fait d'osier. Le panier est plus grand que la corbeille. Le panier sert à porter des fruits, du pain, des pommes de terre, du linge. On porte la corbeille suspendue au bras. On porte le panier sur la tête. Quelle différence y a-t-il entre le panier et la corbeille? — La corbeille a une anse, le panier a deux anses; la corbeille a un couvercle, le panier n'a pas de couvercle.

Voici un arrosoir. Cet arrosoir est fait de fer-blanc. Cet arrosoir est peint en vert. Voici l'anse de l'arrosoir. Voici le tuyau de l'arrosoir. Voici la pomme de l'arrosoir. La pomme de l'arrosoir est percée de petits trous. On se sert de l'arrosoir pour arroser le jardin, la cour, les chemins, la rue. On a aussi un petit arrosoir qui sert à arroser la chambre, quand on veut balayer.

## 74ᵉ EXERCICE (tableau n° 5).

Voilà un couperet. Le couperet est fait d'acier. Le manche du couperet est fait de bois. Le manche du couperet est entouré d'une virole en fer. A quoi sert le couperet? — Le couperet sert à hacher la viande. On hache la viande sur une planche garnie de rebords, appelée hachoir. Pourquoi y a-t-il un trou au couperet? — Ce trou sert à accrocher le couperet. Les bouchers se servent de grands couperets pour hacher leur viande.

Voilà un marteau. La tête du marteau est faite de fer. Le manche du marteau est fait de bois. On se sert du marteau pour frapper. (Faites comprendre par le geste.) Il y a de grands marteaux et de petits marteaux. Le maréchal-ferrant se sert de grands marteaux pour forger le fer.

Voilà une vrille. Voilà le manche de la vrille. Voilà la tige de la vrille. On se sert de la vrille pour percer des trous dans les planches, dans le bois. Quand on veut percer dans le bois un grand trou, on se sert d'un foret. Le foret ressemble à la vrille, mais il est beaucoup plus grand. Le charron, le charpentier et beaucoup d'autres ouvriers emploient des forets.

Voici une pince. Voici les deux branches de la pince. La pince est faite de fer. On emploie la pince pour arracher les clous. Il y a encore un outil qui ressemble à la pince, ce sont les tenailles. La tenaille sert à tenir le fer chaud.

Voici un rouleau. Ce rouleau est cylindrique. C'est le tourneur qui fait les rouleaux. Voici les deux manches du rouleau. Le rouleau sert à faire les gâteaux, la galette. Avec le rouleau on étend la pâte; on y fait un rebord avec les doigts, on y met du fromage blanc, de l'huile, de la crême, quelquefois des oignons, on l'expose à la flamme du four et on a une galette. La galette est bonne; mais il ne faut pas la manger pendant qu'elle est chaude, car on peut en tomber malade.

Voici un moule à turban[1]. Ce moule est fait de cuivre. Il y a aussi des moules à turban qui sont faits de terre. Ce moule est garni de côtes. Voici les côtes du moule à turban. Tous les moules à turban sont garnis de côtes. Au milieu du moule s'élève un mamelon. Quand on veut faire un turban, on graisse le moule avec du beurre ou du saindoux, on y met de la pâte fine et on fait cuire au four. Pourquoi faut-il graisser le moule? — On graisse le moule pour que la pâte ne s'y attache point.

### 75e EXERCICE (tableau n° 5).

Voilà un fer à repasser. Ce fer à repasser est lourd. Il sert à repasser le linge. Quand repasse-t-on le linge? — On repasse le linge quand il a été lavé et séché. On repasse le linge pour faire disparaître les plis. Pour repasser, il faut chauffer le fer à repasser. On chauffe le fer à repasser en le plaçant sur la braise. La femme qui repasse le linge se nomme repasseuse. Toutes les femmes savent repasser le linge. Le tailleur emploie un fer à repasser très-grand et très-lourd. Le manche du fer à repasser est garni de cuir. Pourquoi est-il garni de cuir?

---

1. Cette expression nous semble désigner ce moule plus exactement que toute autre.

— Pour qu'on ne se brûle pas la main. Comment peut-on encore faire pour ne pas se brûler la main? — On peut entourer le manche du fer à repasser d'un torchon.

Voici une lampe. Voici le bec de la lampe, la tige de la lampe, l'anse, le pied de la lampe. Le pied de la lampe est entouré d'un bassin. Que met-on dans la lampe? — On y met de l'huile et une mèche. On a aussi d'autres lampes, plus belles, qui ont une cheminée en verre, une mèche creuse et un abat-jour. On emploie souvent de grandes lampes, qu'on appelle quinquets et qu'on suspend au plafond. Il y a aussi des lampes en verre. Pourquoi le pied de la lampe est-il entouré d'un bassin? — Ce bassin doit recevoir l'huile qui s'écoule de la lampe.

Voici un moulin à café; voici la manivelle, le bassin, le tiroir du moulin à café. On place les baies de café dans le bassin, on tourne la manivelle, alors les baies sont réduites en poudre; cette poudre tombe dans le tiroir. Avant de moudre le café, il faut le torréfier. Quand on veut ouvrir le tiroir on tire le bouton. Le bassin est fixé à la planchette supérieure du moulin à café au moyen de deux vis. L'homme qui fait les moulins à café s'appelle taillandier. Le taillandier fait aussi des marteaux, des pinces, des vrilles, des forets, des limes, des couperets, des haches, etc.

76ᵉ EXERCICE (tableau n° 5).

Voilà une balance. Voilà la chape de la balance; voilà le fléau de la balance; voilà la languette de la balance;[1]

---

[1]. Montrez, s'il le faut, une balance en nature.

voilà les deux bassins de la balance. Au haut de la chape il y a un crochet; ce crochet sert à suspendre la balance. Les bassins sont attachés au fléau, chacun par trois cordons. On peut aussi attacher les bassins par des chaînettes. La balance sert à peser différentes substances. On pèse le sucre, le café, le riz, la viande, le pain, les chandelles, le sirop, le café, le tabac, le sel, la charcuterie, le coton, la laine, le beurre, le fromage et beaucoup d'autres matières. Il y a de grandes balances et de petites balances. Les grandes balances n'ont pas de bassins, mais des tabliers en planches. On peut aussi peser avec une bascule. La bascule est aussi une balance. — Voici un poids en fer. Ce poids est garni d'un anneau. On tient le poids par l'anneau. Il y a aussi des poids en cuivre jaune. Il y a de grands poids et de petits poids. Les petits poids sont ordinairement en cuivre jaune; les gros poids sont en fer. (Montrez des poids en nature.) Voici un kilogramme. Voici un demi-kilogramme. Voici un hectogramme. Voici un décagramme. Voici un gramme.

Quand on veut peser une substance, de la viande, par exemple, on met le poids dans l'un des bassins de la balance et la viande dans l'autre.

Voilà des ciseaux. Voici les deux branches des ciseaux. Chaque branche est terminée par un anneau. Les deux branches sont réunies au milieu par une vis. On tient les ciseaux par les anneaux. On met le pouce dans l'un des anneaux et l'index ou le doigt du milieu dans l'autre anneau. On se sert des ciseaux pour couper la toile, la percale, le drap, les étoffes, le papier, le cuir. On a de grands ciseaux avec lesquels on peut couper le fer-blanc. C'est le coutelier qui fait les ciseaux. Il y a des ciseaux très-petits dont se servent les femmes quand elles brodent.

**Répétition.**

77ᵉ EXERCICE (tableau n° 6).
*Instruments aratoires.*

Voici des instruments aratoires: un fendoir (une hache), une cognée (une hachette), un araire (une charrue), une faux, un fléau, un hoyau, une serpe, une faucille, une bêche, un pressoir, une pelle, un seau, un pelleron, une baratte, un baquet à traire.

Le fendoir sert à fendre le bois. Le fendoir est lourd ; le manche du fendoir est long; le manche est fait de bois. Le manche entre dans l'oreille du fendoir. L'homme qui fend le bois s'appelle bûcheron.

La cognée est plus large que le fendoir. Le manche de la cognée est plus court que le manche du fendoir. Le charron, le tonnelier et d'autres ouvriers emploient la cognée.

Voici un araire. L'araire est une espèce de charrue. Voici l'arbre ou la flèche. Voici le régulateur. Voici le mancheron. Voici le cep. Voici le coutre. Voici le soc. Voici l'oreille ou le versoir. La flèche, le régulateur, le manche et le soc sont faits de bois. Le coutre, le soc et le versoir sont faits de fer. Le versoir peut aussi être en bois. Voilà des brides en fer. Voilà la chaînette du régulateur. Au bout de la flèche se trouve un crochet. On attelle les chevaux ou les bœufs à ce crochet. Le coutre est pointu, tranchant, recourbé. Le soc est pointu, tranchant, large. Le charron fait les parties de l'araire qui sont en bois. Le maréchal ferrant fait les parties qui sont en fer. L'araire sert à labourer la terre. Chez nous nous n'avons pas d'araires, nous avons des charrues. La charrue ressemble à l'araire, mais la charrue a deux mancherons et un avant-train.[1]

Quand on a labouré le champ, on le herse avec une herse. La herse a des dents en fer ou en bois. Quand il y a beaucoup de mottes, on les écrase avec un rouleau.

Voici une faux. Voici la lame de la faux. La lame de la faux est pointue, tranchante, recourbée. La lame de la faux est faite d'acier. Voici le manche de la faux. Dans le manche sont fixés deux mancherons. Le grand mancheron est pour la main droite, le petit mancheron est pour la main gauche. La lame de la faux est fixée au manche par un anneau en fer. C'est le tourneur qui fait les manches de faux. La faux sert à faucher l'herbe, le trèfle, la luzerne, l'orge. L'homme qui travaille avec le faux est un faucheur. Quand la faux ne coupe plus, on amincit le tranchant en le battant avec un marteau.

### 78ᵉ EXERCICE (tableau n° 6).

Voici un fléau. Voici la verge du fléau. Voici le battant du fléau. Le battant du fléau est garni d'une chape en cuir. Le battant est attaché à la verge par des lanières de cuir. Le tourneur fait la verge et le battant du fléau. Le sellier fait la chape en cuir, les lanières,

---

1. Faites voir une charrue et établissez des comparaisons.

et attache le battant à la verge. Le fléau sert à battre le blé, le seigle, l'avoine, l'orge, les féveroles, les haricots, les lentilles. L'homme qui bat le blé, s'appelle batteur en grange.

Voici un hoyau. Le hoyau a deux fourchons. Le hoyau sert à retourner la terre, à arracher les pommes de terre, les carottes, les navets, les betteraves. On emploie aussi des houes et des pioches.

Voilà une bêche. Voici la douille de la bêche. Le manche entre dans la douille. On emploie la bêche pour retourner la terre. Les jardiniers se servent beaucoup de la bêche.

Voici une pelle. Voici la douille de la pelle. La pelle est arrondie. Le manche de la pelle est courbé. On emploie la pelle pour charger la terre, le sable, le gravier.

Voici une serpe. Voici le manche de la serpe. Le manche de la serpe est garni d'une virole. La serpe se termine par un bec. La serpe sert à couper les branches.

Voici une faucille. La lame de la faucille est recourbée. On emploie la faucille pour couper (scier) le blé, le trèfle, l'herbe.

L'ouvrier qui fait les faux et les faucilles s'appelle taillandier. Le taillandier fait aussi des pelles, des serpes, des bêches, des forets, des vrilles.

Voici un pressoir. Voici une grande cuve. Voici une échelle. La cuve est placée sur un chantier. Ce chantier se compose de quatre grosses pièces de bois. Voici un entonnoir en bois. Voici une manivelle. Cette manivelle fait tourner une roue en bois. On jette les raisins dans l'entonnoir, puis on fait tourner la roue au moyen de la manivelle. La roue écrase les raisins et le vin tombe dans la cuve. Ce vin est appelé moût. Qu'est-ce que le moût? — Le moût, c'est du vin doux. L'entonnoir et la roue sont fixés à une cage en bois.

Pour arriver à l'entonnoir, on monte l'échelle. Voici les deux arbres de l'échelle. Voici les échelons. Cette échelle a quinze échelons. Il y a aussi des échelles qui ont plus de quinze échelons.

La cuve est faite de douves. Voilà une douve, deux douves, trois douves. La cuve est composée de beaucoup de douves. Les douves sont réunies par des cercles en bois. Compte les cercles. — Il y a neuf cercles. On emploie aussi des cercles de fer. C'est le tonnelier qui fait les cuves.

### 79ᵉ EXERCICE (tableau n° 6).

Voilà un seau. Ce seau est aussi composé de douves. Ce seau a trois cercles en fer. Au milieu il y a une douve plus grande, percée d'un trou. On porte le seau en mettant les doigts dans ce trou. Le seau sert à puiser de l'eau, du vin.

Voilà un pelleron. On se sert du pelleron pour vider les cuves. Voilà un baquet à traire. Quand on trait les vaches, on fait tomber le lait dans le baquet à traire. Le baquet à traire est muni d'un bec pour qu'on puisse verser le lait dans les pots.

Voici une baratte. Voici le couvercle de la baratte. Ce couvercle est percé d'un trou. Voici la batte de la baratte. La batte passe par le trou du couvercle. La baratte est formée de douves, réunies par des cercles en bois. La baratte est large par le bas et étroite par le haut. La baratte sert à battre le beurre.

On met de la crême dans la baratte. On frappe cette crême avec la batte, alors le beurre en sort. Il reste ensuite dans la baratte une espèce de lait qu'on appelle babeurre. On peut boire le babeurre. On a aussi des barattes qui sont faites comme un petit tonneau. Alors on tourne une manivelle. Dans le tonneau il y a une roue qui tourne et qui bat la crême. D'où vient la crême? — La crême vient du lait. A quoi peut-on encore employer la crême? — On peut en faire des sauces.

Quelle ressemblance y a-t-il entre la baratte et le seau? — La baratte est formée de douves; le seau est aussi formé de douves. La baratte est garnie de cercles, le seau est aussi garni de cercles. — Quelle différence y a-t-il entre le seau et la baratte? — Le seau est étroit par le bas et large par le haut; la baratte est large par le bas et étroite par le haut.

**Répétition.**

80ᵉ EXERCICE (tableau nº 7).

*Instruments de musique.*

Voilà des instruments de musique: un violon avec son archet, une flûte, une clarinette, une guitare, une trompette, un trombone, un cor.

Le violon est un instrument à cordes. Le violon a quatre cordes. Les cordes sont faites de boyau. Voici le chevalet du violon. Les cordes sont tendues. Les cordes reposent sur le chevalet. Chaque corde s'enroule autour d'une cheville. Voici les chevilles du violon. Il y a quatre chevilles. Quand on veut tendre les cordes, on tourne les chevilles. Voici les ouïes du violon. Voici le manche du violon. Voici l'archet du violon. L'archet est garni de crins blancs. Les crins viennent du cheval. Au bout de l'archet il y a une vis. Avec cette vis on tend les crins de l'archet. Pour jouer du violon on frotte l'archet sur les cordes. On tient le violon de la main gauche et l'archet de la main droite.

La guitare est aussi un instrument à cordes. La guitare a six cordes et six chevilles. Voilà un ruban bleu. Ce ruban bleu sert à porter la guitare. On pince la guitare avec les doigts.

Quelle différence y a-t-il entre la guitare et le violon? — Le violon a quatre cordes, la guitare a six cordes. Le violon a un chevalet, la guitarre n'a pas de chevalet. Le manche de la guitare est plus long que le manche du violon. Pour jouer du violon on a besoin d'un archet; pour jouer de la guitare on n'a pas besoin d'archet.

Voilà une flûte et une clarinette. La flûte et la clarinette sont faites de bois. La flûte et la clarinette sont garnies de cercles en corne. La flûte et la clarinette sont des instruments à vent. La flûte a une seule clef. La clarinette a plusieurs clefs. Voilà le bec de la clarinette. Voilà le pavillon de la clarinette. La flûte et la clarinette sont percées de petits trous; on met les doigts sur ces petits trous. Pour jouer de la flûte, on souffle dans le trou supérieur. Pour jouer de la clarinette, on souffle dans le bec.

Voilà une trompette, un trombone et un cor. Ces trois instruments sont faits de cuivre. Chacun de ces instruments a une embouchure et un pavillon. Voici la coulisse du trombone. Quand on joue du trombone on fait glisser la coulisse vers le bas et vers le haut.

Pour jouer de ces instruments, on souffle dans l'embouchure.

L'homme qui fait les instruments de musique à cordes, s'appelle luthier. Nommez d'autres instruments de musique. — Le piano est un instrument de musique. L'orgue est un instrument de musique. La vielle est un instrument de musique. Le cornet à pistons est un instrument de musique. L'ophicléide est un instrument de musique. La caisse, la grosse caisse, le basson, le bugle, sont des instruments de musique.

81e EXERCICE (tableau n° 8).

*Bâtiments.*

Voici une maison de ville; une maison de paysan; une maison de bois (un chalet); une maison à toit de chaume (une chaumière). Voilà quatre bâtiments.

(Maison de ville.) Voici le rez-de-chaussée. Voici le premier étage. Voici le socle. Ce socle est en pierres de taille. Voici la porte d'entrée. Devant la porte il y a deux marches en pierres (un perron). Cette porte est faite pour l'entrée et la sortie des personnes. Les voitures ne peuvent pas entrer par cette porte, elle est trop petite. Voici une des façades de la maison, voilà l'autre façade. Cette maison a quatre façades. Où sont les deux autres façades? — Elles sont de l'autre côté. Sur chaque façade il y a plusieurs croisées. Comptez les croisées. Chaque croisée est garnie de volets. Les volets du premier étage sont peints en vert. Les volets du rez-de-chaussée sont des volets pleins. Au premier étage il y a des persiennes (des jalousies). Voilà des volets fermés. Voici des persiennes (des jalousies) fermées. On ferme les volets pendant la nuit. On ferme aussi les volets quand il y a beaucoup de soleil.

Les fenêtres du rez-de-chaussée et du premier étage sont garnies de rideaux blancs. Voici la corniche du toit. Voici le toit. Le toit est couvert de tuiles. On peut aussi couvrir le toit d'ardoises. Voici la cheminée. La cheminée sert à conduire la fumée. Le ramoneur nettoie la cheminée. Voici les soupiraux de la cave. Voici un soupirail, voici l'autre soupirail.

(Maison de paysan.) Voici une maison de paysan. Voici la grange. Voici une porte-cochère. Cette porte-cochère est faite pour l'entrée et la sortie des voitures. Quand on entre par la porte-cochère, on arrive dans la cour. Cette cour est fermée par une clôture en planches. Cette clôture en planches est assise sur un petit mur. Ce mur est fait de pierres de taille et de mortier. Le mortier est composé de chaux, de sable et d'eau. C'est le maçon qui fait les murs. Voici des volets. Voici des persiennes. Voici les fenêtres du rez-de-chaussée. Voici les fenêtres du premier étage. Voici des lucarnes. Les fenêtres servent à éclairer les chambres. Les lucarnes servent à éclairer le grenier. Voici une girouette. Cette girouette est faite de fer-blanc. Le vent fait tourner la girouette. La girouette indique la direction du vent. Le ferblantier fait les girouettes. Voici une cheminée. A quoi sert la cheminée? — La cheminée sert à conduire la fumée. Quand la cheminée fume-t-elle? — La cheminée fume quand il y a du feu dans la cuisine ou dans le fourneau.

Voilà la grange. Dans la grange il y a du foin, de la paille, du blé en gerbes. Cette grange est plus haute que la maison d'habitation. Montrez-moi la cheminée de la grange. Il n'y a pas de cheminée dans la grange. Pourquoi pas? — Parce qu'on ne fait pas de feu dans la grange. Pourquoi ne fait-on pas de feu dans la grange? — Parce qu'il y a de la paille, du foin, du blé. Le feu brûlerait la grange.

### 82ᵉ EXERCICE (tableau n° 8).

(Maison de bois.) Voici une maison de bois (un chalet). Cette maison est faite de bois, de planches. Voici la porte d'entrée. Voici les croisées. Le toit est couvert de planches. Sur le toit il y a de grosses pierres. A quoi servent ces pierres? — Ces pierres retiennent les planches, afin que le vent ne puisse pas les enlever. On trouve des maisons de bois dans les montagnes. Les maisons de bois sont souvent détruites par le feu, par l'incendie. Un incendie, c'est un grand feu. Une maison faite de pierre résiste au feu, à l'incendie.

(Maison à toit de chaume.) Voici une maison à toit de chaume (une chaumière). Le toit de cette maison est fait de paille. Voici la grange. Cette grange a aussi un toit en chaume. Si une étincelle tombe sur un toit de chaume, la paille prend feu et la maison est incendiée. Les toits couverts de tuiles valent mieux que les toits de chaume. Pourquoi? — Parce que le feu ne peut pas prendre aux tuiles.

Les murs de cette maison sont faits de pierres et de bois. Lequel de ces quatre bâtiments est le plus beau? — C'est la maison de ville. Quelles différences y a-t-il entre la maison de ville et la maison de paysan? — La maison de ville est plus belle que la maison de paysan. La maison de ville n'a pas de grange. Pourquoi pas? — Parce que dans ces maisons on n'a ni vaches, ni chevaux, ni brebis. On n'y a pas besoin de paille, de foin, de blé. La maison de paysan a une porte-cochère, la maison de ville n'en a pas. Pourquoi la maison de ville n'a-t-elle pas de porte-cochère? — Parce que dans ces maisons on n'a ni voiture, ni chariot, ni charrue.

La maison à toit de chaume n'a pas de premier étage, elle n'a qu'un rez-de-chaussée.

Chaque maison a un grenier. Le grenier est sous le toit. On met au grenier le bois de chauffage, le blé, les vieux meubles, le linge sale, etc.

Pour aller au grenier, il faut monter deux ou trois escaliers.

Sous la maison se trouve la cave. On y met les pommes de terre, le pain, le lait, la viande salée, le vin. Pour aller à la cave, on descend un escalier. En hiver les caves sont chaudes. En été les caves sont fraîches.

Les hommes habitent les maisons, les chambres. Les animaux domestiques sont dans les écuries et dans les étables.

Les maisons, les granges, les écuries et les étables sont des bâtiments. La maison d'école, la maison commune (hôtel de ville) et l'église sont aussi des bâtiments.

Il y a des maisons qui ont une cour, d'autres maisons n'en ont point. Derrière beaucoup de maisons il y a un jardin et un verger. Un verger est un jardin planté d'arbres fruitiers. Que voit-on dans la cour? dans le jardin? dans le verger?

83ᵉ EXERCICE (tableau n° 9).

*Parties intérieures d'une maison.*

Voilà une chambre. Voici une porte. Cette porte est fermée. Voici le chambranle de la porte. Cette porte a deux panneaux. Voici le loquet de la porte. Le loquet sert à ouvrir et à fermer la porte. C'est le serrurier qui fait les loquets. On peut aussi ouvrir et fermer la porte avec une clef.

Voici une fenêtre. Cette fenêtre est garnie de rideaux. Les rideaux sont blancs. Il y a aussi des rideaux verts, jaunes, rouges, bleus. Les rideaux sont attachés à une tringle en fer, par des anneaux en cuivre jaune. Voici deux patères en cuivre jaune. Une patère est placée à gauche, l'autre à droite. Les patères servent à retenir les rideaux. Voici la tablette de la fenêtre. La fenêtre est fermée par une targette (une espagnolette). Chaque battant de cette fenêtre a quatre vitres. Les vitres sont fixées avec du mastic. Le mastic est très-dur. Montrez-moi les vitres inférieures. — Voici les vitres inférieures. Montrez les vitres supérieures. Les vitres supérieures sont cachées en partie par les rideaux.

Voici un plancher (un parquet). Comment le plancher peut-il être? — Le plancher peut être propre, sale, neuf, vieux, épais, mince. Dans les maisons de ville on trouve des planchers cirés.

Quand le plancher est sale, on le récure (écurer). Voici des lambris. Les lambris garnissent le pied du mur. Les lambris et la porte sont peints. Voici les murs de la chambre. De quelle couleur sont les murs? — Les murs e la chambre sont ordinairement blancs. Souvent les murs sont tapissés. Pour tapisser une chambre, on colle du papier peint sur les murs. Que trouve-t-on ordinairement dans une chambre? — On y trouve un fourneau, une table, des chaises, un lit, une commode, un secrétaire. On voit, suspendus au mur, une pendule et quelques tableaux.

Voilà un corridor. Ce corridor est dallé. Voici les dalles. Les dalles sont faites de pierre. Voilà un escalier. Voilà les marches (les degrés) de l'escalier. Comptez les marches de l'escalier. Voici la rampe (la balustrade) de l'escalier. Voici les balustres de la rampe. Cet escalier conduit au premier étage.

Voici la portière de la cheminée. Le ramoneur entre par cette portière quand il veut ramoner la cheminée. Voici des murs en pierre de taille. Voici les jointures des pierres.

Voici une cave. Voici la voûte. Cette cave est voûtée. Voici l'escalier de la cave. Cet escalier est en pierre. Voici des tonneaux placés sur leur chantier. Voici une claie où l'on met des fruits, des têtes de chou, etc. Voici une tonne à choucroute, deux baquets. Les tonneaux, la tonne à choucroute et les baquets sont garnis de cercles en fer; ils sont faits de douves. Voici le fond de devant du tonneau. Voici la portière du tonneau. Voici la bonde du tonneau. Voici une broche. Pour tirer du vin, on sort la broche et on y met un robinet. On remplit le tonneau par la bonde. Le tonnelier fait les tonneaux, les tonnes à choucroute et les baquets. Dans la cave il fait frais, sombre, humide. On allume une chandelle quand on veut descendre dans la cave. Que met-on dans la cave? — On y met les pommes de terre, le lait, les légumes, les fruits (les pommes et les poires), le vin, la choucroute, la viande salée, etc.

Voici une cuisine. Voici l'âtre. Voici le manteau de cheminée. Voici un évier. Voici un égouttoir. A côté de la fenêtre se trouve un rayon. Les murs de la cuisine sont peints en jaune. Voici de la suie. La suie provient de la fumée. On emploie la suie pour faire du cirage et de la couleur noire.

L'âtre est fait de pierre. Dans cet âtre il y a deux foyers. On met le feu dans les foyers. Au-dessous de chaque foyer se trouve un cendrier. Les cendres tombent dans le cendrier. Les cendres viennent du bois brûlé. On emploie les cendres pour faire la lessive. On emploie aussi les cendres pour en faire de la potasse. Quand on jette les cendres sur les prés, ils produisent beaucoup d'herbe. Dans l'âtre se trouve aussi une grande plaque de fonte, appelée lunette de foyer, puis des réchauds, des potagers, etc.

Que met-on sur les rayons de la cuisine? — On y met les assiettes, les tasses, les plats, les poêles, toute la vaisselle. L'évier est fait de pierre; on y lave la vaisselle. Quand la vaisselle est lavée, on la place sur l'égouttoir pour la laisser égoutter. L'égouttoir est fait de bois. Que trouve-t-on encore dans la cuisine? — On y trouve des fourchettes, des couteaux, un moulin à café, une râpe, une cafetière, des pots, des marmites, des casseroles, un buffet, etc. Que fait-on à la cuisine? — A la cuisine on prépare les aliments.

**Répétition.**

84ᵉ EXERCICE (tableau 10).
*Bâtiments divers (publics).*

Voici une église. Voici une fontaine. Voici un pont en pierre.

Cette église est grande et belle, elle a deux clochers très-élevés. Ces clochers sont pointus. Les clochers sont couverts d'ardoises. Chaque clocher renferme une ou plusieurs cloches, et une horloge. Voilà les cadrans des horloges. Une horloge est une grande pendule. Les horloges marquent les heures. Voici l'aiguille du cadran. Cette aiguille tourne et montre l'heure.

Sur le toit de l'église se trouve une croix en pierre. Ce toit est couvert de tuiles. A l'église il y a beaucoup de grandes et belles fenêtres. Voici une rosace. A cette église il y a plusieurs portes. Devant chaque porte se trouve un perron. Pourquoi va-t-on à l'église? — On va à l'église pour chanter et prier le bon Dieu, pour entendre prêcher. Qui est-ce qui prêche? — C'est M. le curé, M. le pasteur. Quand va-t-on à l'église? — On va à l'église le dimanche, les jours de fête (tous les jours), quand il y a une noce, un baptême, un enterrement. Comment les enfants doivent-ils se conduire à l'église? — Les enfants doivent être sages, tranquilles, attentifs; ils ne doivent pas causer, rire ou faire du bruit. L'église est la maison de Dieu. Le bon Dieu n'aime pas les enfants qui se conduisent mal à l'église. La plupart des églises n'ont qu'un seul clocher et deux ou trois portes. Les fenêtres des églises sont quelquefois garnies de belles vitres en couleur (des vitraux).

Voici une fontaine. Voici le bassin de la fontaine. Ce

bassin est en pierre. Ce bassin est rempli d'eau. L'eau coule par quatre tuyaux. Où est le quatrième tuyau ? — On ne voit pas le quatrième tuyau ; il est placé de l'autre côté. Les chevaux, les bœufs et les vaches boivent l'eau du bassin. On peut aussi chercher l'eau aux puits. L'eau sort d'elle-même de la fontaine ; mais au puits il faut la puiser.

Voici un pont en pierre. Ce pont a deux arches. Voici un pilier. Voici le garde-fou du pont. Le pont traverse une rivière. Il y a aussi des ponts en bois. Voici un train de bois de construction. Voilà des hommes qui flottent le bois. Chacun de ces hommes a un aviron en main pour diriger le train de bois. Voici une nacelle. On se place dans la nacelle pour traverser l'eau ou pour faire une promenade sur l'eau. Dans la rivière on trouve des poissons, des écrevisses, des moules. On se baigne dans la rivière ; on y lave le linge. L'eau de la rivière fait marcher des moulins, des fabriques, etc. Les petits enfants ne doivent pas approcher du bord de l'eau. Quand un enfant tombe dans l'eau, il se noie.

### 85ᵉ EXERCICE (tableau n° 11).
*Parties intérieures d'une église.*

Voici une cloche. Cette cloche est faite de métal (de bronze). Voici le battant de la cloche. Le battant est fait de fonte. On suspend les cloches dans les clochers. Les cloches sont très-lourdes. On sonne les cloches pour appeler le monde à l'église, à midi, le soir, le matin, quand il y a un enterrement, une noce, un baptême. On sonne la cloche au moyen d'une longue courroie ou une corde. La cloche sonne aussi les heures.

Voici la chaire. M. le curé (M. le pasteur) monte en chaire pour prêcher. La chaire est élevée. Pour monter en chaire M. le pasteur (M. le curé) suit cet escalier tournant. Voici l'abat-voix. Au haut de l'abat-voix il y a une petite statue. Cette statuette représente la Vierge Marie tenant l'enfant Jésus dans ses bras. Voici deux colonnes en pierre. Voici un baptistère (fonts baptismaux). Le baptistère et la chaire sont couverts de nappes rouges garnies de franges d'or.

Voici un autel. Cet autel est couvert d'une nappe rouge (en velours, en damas) garnie de franges d'or. L'autel est entouré d'une grille en fer.

Voici un grand crucifix en bois. A ce crucifix est attachée l'image de notre Seigneur Jésus-Christ. Voici des bancs d'église. Les personnes qui viennent à l'église, s'asseient sur ces bancs. On ne reste pas toujours assis à l'église, quelquefois on se lève ou on se met à genoux.

Voilà une tribune. La tribune repose sur des colonnes. Ces colonnes peuvent être en bois, en pierre ou en fonte. Ce sont les hommes qui vont s'asseoir dans la tribune; les femmes restent dans les bancs d'en bas. Devant la tribune il y a un garde-fou pour empêcher le monde de tomber. Ce garde-fou est garni de panneaux peints. Souvent aussi la tribune est entourée d'une balustrade.

Voici un orgue. Voici le buffet d'orgue. Voici les tuyaux d'orgue. Les tuyaux d'orgue sont faits d'étain. Il y a aussi des tuyaux d'orgue faits de bois. Voici des ornements. L'orgue est le plus grand de tous les instruments de musique. L'orgue sert à accompagner le chant d'église. L'homme qui joue de l'orgue, se nomme organiste.

Derrière l'orgue il y a de grands soufflets. Les soufflets produisent du vent. Le vent pénètre dans les tuyaux d'orgue et produit des sons. L'orgue n'accompagne pas toujours le chant, quelquefois il joue seul. On voit souvent des hommes qui portent sur le dos un petit orgue qu'on fait jouer au moyen d'une manivelle. Ce sont des orgues de Barbarie.

86$^e$ EXERCICE (tableau n° 12).

### L'homme.

Voilà des hommes, des femmes et des enfants. Combien y a-t-il d'hommes? — Il y a quatre hommes. Combien y a-t-il de femmes? — Il y a deux femmes. Combien y a-t-il d'enfants? — Il y a quatre enfants. Voilà une petite fille qui porte un enfant sur le dos. Pourquoi cet enfant ne marche-t-il pas? — Cet enfant ne peut pas encore marcher, il est trop petit, trop jeune; ou bien, il est fatigué, voilà pourquoi la fille le porte. On ne porte pas toujours les petits enfants sur le dos, ordinairement on les porte sur le bras. Cette fille a une robe bleue, un tablier rouge, un corset rouge, des bas blancs, des souliers; elle est en manches de chemise. Le petit garçon qu'elle porte est sans doute son frère. Peut-être aussi est-elle bonne d'enfant, alors ce petit garçon ne serait pas son frère.

Voilà un jardinier. Il porte dans sa main droite une bêche et un sac sur l'épaule gauche. Que peut-il y avoir dans ce sac? — Il y a sans doute de la semence. Avec la bêche le jardinier retourne la terre. Le jardinier porte un chapeau noir, de paille ou de feutre. Ce chapeau est garni d'un ruban vert. Il a une cravate noire, un gilet rouge, des bretelles vertes, une culotte jaune, des bas bleus et des souliers à boucles. Le jardinier n'a point de veste, il a chaud, et les manches de sa chemise sont retroussées.

Voilà une jardinière (une paysanne); elle porte un râteau sur l'épaule droite, et tient en main un chapeau de paille, garni d'un ruban vert. La jardinière a une jupe rouge, un tablier noir, un corsage noir, une chemisette, une cravate, un bonnet, des bas blancs, des souliers à boucles. Elle va au jardin, ou dans les champs.

Voici un petit garçon qui chasse un cerceau. Il frappe le cerceau avec un bâton; le cerceau tourne. Nommez les objets d'habillement que porte ce petit garçon.

Voilà un vieux militaire, un invalide. Il a une jambe de bois et marche avec des béquilles. Il a perdu une jambe à la guerre, sur le champ de bataille. Il a un pantalon rouge (garance), une capote bleue, un bonnet de police. Il a trois chevrons sur le bras.

Voilà un vieillard assis sur un banc de bois. Il est fatigué et se repose un peu. Il a une canne en main. Les cheveux et la barbe du vieillard sont blancs; il est très-âgé. Il a de soixante-dix à quatre-vingts ans. Les enfants doivent respecter les vieillards et leur obéir. Le bon Dieu punit les méchants enfants qui se moquent des vieillards.

Voilà une mendiante, assise sur un banc en pierre; elle tient un petit enfant sur ses genoux. La pauvre femme tend la main à un monsieur et demande l'aumône. Le petit enfant tend aussi la main. La pauvre femme a faim et son petit enfant aussi. Le bon monsieur cherche une pièce d'argent dans sa poche pour la donner à la pauvre femme. Elle achètera du pain pour elle et pour son enfant. Le bon Dieu récompensera ce bon monsieur. La pauvre femme est nu-pieds; elle n'a pas de souliers, pas de bas. Le petit enfant est presque nu, il n'a qu'une chemise. Ce monsieur est bien habillé; il a un beau chapeau; une redingote, un beau gilet, une belle cravate, une chemise bien plissée; un beau pantalon avec des sous-pieds. Dans sa main gauche il tient une canne.

87e EXERCICE (tableau n° 13).

*Animaux divers (genre chien).*

Voilà un loup. Ce loup mange de la chair. Il a déchiré une brebis, un veau, une vache ou un cheval. Le loup est un animal féroce. Il habite les forêts. Le loup ressemble à un grand chien. Il attaque quelquefois l'homme. Ses pattes sont garnies de griffes acérées. La queue du loup est longue et touffue; ses yeux sont brillants, son poil est noir, brun et gris.

Voilà un renard. La queue du renard est longue et touffue; le dessous de son ventre est blanc; son dos est brun-clair. Le museau du renard est pointu; ses oreilles sont aussi pointues. Le renard est un animal sauvage; il mange des fruits, du miel, des lièvres, des oiseaux, des poules, des coqs, des canards, des œufs. Le renard est très-rusé; il habite des terriers profonds qu'il creuse dans les vignobles, les ravins, les bois. Le renard ressemble aussi au chien. Pendant la nuit le renard entre quelquefois dans les bassesours et enlève des volailles, c'est-à-dire des poules, les canards, des coqs, des oies, des dindons. La peau du renard fournit une belle fourrure dont on fait des gants, des manchons; on en garnit aussi les manteaux.

Voilà un barbet. Le poil du barbet est laineux; il a de longues oreilles pendantes. Le barbet est fidèle et intelligent; il joue avec les enfants, il leur lèche les mains; quand son maître lui jette un bâton, un mouchoir ou une pierre, il les ramasse avec ses dents et les lui apporte. Le barbet garde la maison; quand un étranger arrive, il aboie.

Voici un chien de chasse. Le chien de chasse est grand et fort; il accompagne son maître à la chasse; il fait lever le gibier, c'est-à-dire les lièvres, les renards, les perdrix, les cailles, les canards sauvages. Le chasseur tue le gibier avec son fusil; le chien de chasse cherche le gibier tué par son maître. Le chien de chasse a un nez excellent, il sent le gibier de loin et le fait trouver à son maître.

Voilà un levrier. Le levrier a le corps allongé et mince et des jambes très-longues; sa queue est longue et mince; il court très-vite et attrape quelquefois des lièvres. Le levrier a les oreilles longues et le museau allongé. Le poil du levrier est brun-jaune; le dessous de son ventre est blanc.

Voilà un dogue. Le dogue est fort et méchant. Il a le museau gros et court, les dents aiguës, les oreilles courtes, les jambes fortes, la tête grosse et arrondie. Il porte un collier solide pour qu'on puisse l'attacher à une chaîne. Le dogue est presque toujours attaché dans son chenil, parce qu'il est trop méchant et qu'il aime à mordre. Le dogue garde la maison et la défend contre les voleurs. Le poil du dogue est gris, brun et noir, rayé, moucheté.

**Répétition.**

88ᵉ EXERCICE (tableau n° 14).

*Animaux sauvages (genre chat, etc.).*

Voilà un blaireau. Le blaireau a les jambes courtes, le corps épais, la queue et les oreilles petites, le museau court, la tête grosse et allongée. Son poil est brun foncé, sa tête est noire et blanche. Les pattes du blaireau sont garnies d'ongles solides ; il creuse des terriers profonds où il se tient toute la journée ; pendant la nuit le blaireau sort pour chercher sa nourriture ; il mange des serpents, des lézards, des lièvres, des oiseaux, des rats, des souris. Le blaireau a de bonnes dents et mord cruellement. Les poils du blaireau sont longs et élastiques ; on en fait des pinceaux et des brosses. Le blaireau répand une mauvaise odeur.

Voilà une loutre, qui mange un poisson. La loutre a le corps allongé, le poil brun et fin, la queue longue, les pattes palmées, c'est-à-dire les doigts réunis par une membrane ; ses oreilles sont très-petites. La loutre nage très-bien ; elle se tient toujours dans l'eau pour prendre des poissons ; elle peut plonger longtemps. La fourrure de la loutre est très-fine et se vend cher.

Voici une belette. La belette a le corps très-allongé, les jambes courtes, la tête arrondie, les oreilles petites,

Son poil est brun clair, le dessous de son ventre est blanc. On trouve aussi parfois des belettes qui sont toutes blanches. La belette fait la chasse aux souris, mais elle mange aussi des œufs, des oiseaux. La belette est un animal utile, il ne faut donc pas lui faire de mal, quand on la trouve dans les champs.

Voilà un ours brun. Voilà des fraises mûres. Voilà un serpent. L'ours veut mordre le serpent. L'ours est grand et fort; sa queue est courte, ses oreilles aussi, ses pattes sont garnies de griffes terribles. L'ours habite les grandes forêts dans les montagnes; il mange de la chair, des racines, des fruits et surtout du miel. Quand le chasseur attaque l'ours, celui-ci se dresse sur ses pieds de derrière et se défend avec ses griffes. L'ours est paresseux, il aime à se coucher dans les cavernes, les arbres creux, les broussailles; il grimpe facilement sur les arbres et au sommet des rochers. Il y a aussi des ours blancs, qu'on trouve dans les pays froids.

Voilà un chat sauvage, qui a un oiseau dans sa gueule. Le chat sauvage est méchant, grand et fort; il a des griffes terribles. Le chat sauvage vit dans les forêts et mange des oiseaux, des rats, des mulots, des levrauts; il a des yeux nocturnes, c'est-à-dire il voit pendant la nuit.

Voilà une martre. Voilà un nid d'oiseau avec quatre œufs. La martre a le corps allongé, la tête petite et arrondie, le museau pointu, les oreilles très-courtes, la queue longue, des griffes acérées, des dents pointues. Son poil est roux; elle mange des œufs, des oiseaux, des pigeons, des poulets. On trouve la martre dans les granges et il y en a aussi dans les forêts. La fourrure de la martre est très-fine et se vend cher. On en fait des pelisses.

Voilà un lynx. Le lynx est un animal sauvage; il habite les grandes forêts des pays froids; il a la tête arrondie, les oreilles pointues, d'excellents, yeux de longues moustaches, de fortes jambes, garnies de griffes puissantes. Le poil du lynx est roux, moucheté de noir, le dessous de son ventre est blanc; il se nourrit de chair.

89ᵉ EXERCICE (tableau n° 15).

*Insectivores et rongeurs.*

Voilà une taupe. La taupe a le pelage (les poils) noir, les jambes très-courtes, le museau allongé et très-pointu, les yeux excessivement petits. Ses pattes de devant sont larges et garnies d'ongles grands et forts; elle s'en sert pour creuser des trous profonds dans les prés, les champs et les jardins. La taupe mange des vers et des insectes. A l'entrée du terrier de la taupe se trouve toujours un monticule de terre, appelé *taupinière*.

Voilà une musaraigne. La musaraigne a le poil noir, court et fin, le museau pointu, les jambes courtes; elle se creuse des terriers et mange des insectes et des vers.

Voilà un écureuil. L'écureuil a une queue très-longue, garnie de poils longs; cette queue a la forme d'un panache. L'écureuil a le poil roux, les yeux grands et vifs; ses griffes sont très-aiguës. Il mange des noix, des faînes, des noisettes, des glands; il grimpe avec facilité sur les arbres les plus hauts et saute d'une branche à l'autre. L'écureuil a des dents longues et fortes avec lesquelles il ronge sa nourriture.

Voici une chauve-souris. La chauve-souris a de grandes ailes de peau; ses oreilles sont très-grandes; son corps est couvert de poils. Pendant le jour elle se tient cachée dans des trous; elle sort la nuit pour chercher les insectes dont elle se nourrit. La chauve-souris voit dans l'obscurité. La chauve-souris n'est pas un oiseau, car elle n'a point de bec, son corps n'est pas couvert de plumes, elle ne pond pas d'œufs.

Voilà un hérisson. Le corps du hérisson est couvert de piquants; il a les jambes courtes, le museau allongé. Quand le hérisson a peur, il se roule en boule et cache ainsi sa tête et ses pattes. Il se nourrit de vers, d'insectes, de limaçons, d'escargots, de fruits et de racines. Le hérisson habite des terriers et il n'en sort que pendant la nuit.

Voilà un loir. Le loir ressemble un peu à l'écureuil; il a une queue longue garnie de poils longs; cette queue a aussi la forme d'un panache; mais le poil est gris. Le loir se nourrit de fruits; il a des griffes aiguës et peut grimper sur les arbres comme les écureuils; il habite des trous, des arbres creux. Ce loir est dressé sur ses pattes de derrière et ronge une carotte.

### 90$^e$ EXERCICE (tableau n° 15).

Voilà un rat. Le rat a la queue longue et garnie de poils courts et rudes; il a les yeux grands et vifs et les dents longues et fortes. Le rat habite les maisons, les caves, les greniers, les étables, les granges, les champs, les prairies, les forêts; il mange des fruits, des pommes de terre, des carottes, du blé; il ronge tout avec ses dents, même le linge, et est très-nuisible. Le rat mange aussi de la chair, de petits oiseaux, des poulets. On prend les rats dans des trappes (ratières), souvent aussi on les empoisonne.

Voilà un mulot (un hamster). C'est un animal très-nuisible; il se creuse des terriers et y porte une grande quantité de blé, de féveroles, de pois, de haricots. Les joues du mulot forment des espèces de poches dans lesquelles il transporte sa nourriture dans son terrier.

Voilà un lièvre. Le lièvre a de longues oreilles, la queue courte, les jambes longues et fortes, les yeux grands. Il court très-vite. Le lièvre habite les champs et les forêts, et se nourrit d'herbes, de feuilles, de carottes. Il a le poil jaune et gris. Sa chair est bonne à manger, son poil sert à faire des chapeaux. La femelle du lièvre s'appelle *hase* et les petits *levrauts*. Le lièvre est très-timide, le plus petit bruit lui fait peur. On tue le lièvre à coups de fusil, souvent aussi on le prend dans des piéges. L'endroit où se tient le lièvre est appelé *gîte*.

Voilà un castor. Le castor a la queue longue, large et épaisse. Ses doigts sont réunis par des membranes; il nage facilement et se construit des maisonnettes dans l'eau. Sa fourrure est fine et recherchée; on en fait des chapeaux fins.

Le castor, le lièvre, le mulot, le rat, **le loir, l'écu=reuil**, le lapin, le hérisson et d'autres **animaux encore** ont appelés *rongeurs*, parce qu'ils rongent avec leurs dents incisives. Tous ces animaux sont aussi des quadrupèdes. Pourquoi?

91ᵉ EXERCICE (tableau n° 16).

*Animaux du genre cerf.*

Voici un cerf. Le cerf est un bel animal; il porte sur la tête de grandes cornes appelées *bois*. Le bois du cerf se divise en petites cornes. Le cerf a les yeux grands et doux, les jambes longues et solides, la queue très-courte. Son poil est fauve, c'est-à-dire jaune et brun; il a le sabot fendu. Le cerf vit dans les forêts et se nourrit d'herbe, de feuilles, de jeunes pousses, de rameaux tendres; il court très-vite et fait de grands bonds. La chair du cerf est bonne à manger et sa peau donne un cuir souple, dont on fait des gants, des culottes, des bretelles, des ceintures. La femelle du cerf est appelée *biche* et les petits sont appelés *faons*. La biche n'a pas de bois.

Voici un daim. Le daim ressemble beaucoup au cerf; mais son corps est couvert de taches blanchâtres et son bois est large aux extrémités.

Voilà un chevreuil. Le chevreuil ressemble aussi au cerf, mais il est plus petit. Il mange de l'herbe, des feuilles, des pousses d'arbre, et habite les forêts. Souvent les chevreuils quittent la forêt et vont paître dans les champs. La chair du chevreuil est bonne à manger et sa peau donne un bon cuir.

(Tableau n° 17.) Voilà un chamois. Le chamois a le poil fauve et des cornes fortes et recourbées. Il habite les hautes montagnes; sa chair est bonne à manger;

sa peau fournit un excellent cuir dont on fait des gants, des bourses.

Ce chamois saute. Voilà un rocher. Qu'est-ce qu'un rocher? — Un rocher est une pierre immense.

### 92ᵉ EXERCICE (tableau n° 17).
#### *Ruminants.*

Voilà une brebis; voilà un agneau; voilà un bélier. Le bélier a de grandes cornes tournées en spirale. La brebis et l'agneau n'ont point de cornes. La brebis, l'agneau et le bélier ont le corps couvert de laine. Cette laine est longue, fine et blanche. Quand la laine est grande, on tond la brebis avec de grands ciseaux; on lave la laine; on la file; on en fait du drap, des bas, des chaussons, des bonnets, des gants, des étoffes.

La brebis est la mère de l'agneau. L'agneau est le petit de la brebis. Le bélier est le père de l'agneau. La brebis, l'agneau et le bélier ont la queue longue et grosse et les sabots fendus.

Beaucoup de brebis, d'agneaux et de béliers forment un troupeau de moutons. L'homme qui conduit le troupeau s'appelle *berger*. Le berger conduit le troupeau au pâturage. Le berger a un chien qui lui aide à conduire le troupeau. Les moutons mangent de l'herbe, du trèfle, du foin, des carottes, des pommes de terre, des navets, des betteraves, de l'avoine. On enferme souvent les brebis au milieu des champs dans une clôture de lattes qu'on appelle un *parc*. On appelle *bercail* l'étable où l'on met les brebis. La chair de la brebis, de l'agneau et du bélier s'appelle du *mouton*. Le mouton est fort bon à manger. La graisse du mouton est appelée *suif*. Le suif sert à faire du savon et des chandelles. Quand la brebis fait entendre sa voix, on dit qu'elle bêle. Pendant que l'agneau est petit, il boit le lait de sa mère. La laine de l'agneau est plus fine que celle de la brebis ou du bélier.

Voilà une chèvre; voilà un bouc. La chèvre se tient debout; le bouc est couché. La chèvre et le bouc ont de grandes cornes au front et une barbe au menton. Il y a aussi des chèvres qui n'ont point de cornes. La queue de la chèvre est petite et ses sabots sont fendus. Le corps de la chèvre est couvert de poils longs. La chèvre donne beaucoup de lait. Ce lait est fort bon. On peut en faire du fromage et du beurre. Voici le pis de la chèvre. Le pis renferme le lait. Pour avoir le lait on trait la chèvre. La brebis donne aussi du lait. La chèvre mange de l'herbe, du trèfle, du foin, des feuilles et des pousses d'arbre; sa chair est bonne à manger, et sa peau fournit un cuir souple. La chèvre et le bouc se défendent avec leurs cornes. De ces cornes on fait des manches de couteaux, de canifs.

93ᵉ EXERCICE (tableau nº 18).
*Ruminants et bêtes à peau épaisse.*

Voilà une vache. Cette vache est grande et forte; elle a deux cornes recourbées, des sabots fendus, une longue queue, terminée par un pinceau de longs poils rudes, un grand pis, rempli de lait. Le pis est garni de quatre tétins. La vache est un animal domestique très-utile; elle nous fournit du lait et de la crême, avec laquelle on fait du fromage et du beurre; sa chair est bonne à manger; sa peau donne un cuir épais; ses cornes servent à fabriquer des manches de couteaux, des peignes, des boîtes, des boutons. La vache nous procure aussi un excellent fumier; on l'attelle au chariot et à la charrue pour conduire toutes sortes de denrées et pour labourer la terre. La vache n'est pas méchante, un enfant peut la conduire. Quand on veut l'atteler, on lui met un joug ou un collier. La vache mange l'herbe, du trèfle, du foin, du regain, des mauvaises herbes, des betteraves, des navets, des carottes, des pommes de terre, des soupes faites de pommes de terre, de son, et d'eau.

Le petit de la vache se nomme *veau* et le mâle s'appelle *taureau*. Le taureau est plus gros que la vache et souvent il est méchant; il attaque et se défend avec ses cornes. Le *bœuf* est robuste et doux, il travaille beaucoup et sa chair est bonne à manger. La graisse du bœuf, du taureau et de la vache est appelée suif. Ce suif donne du savon et de bonnes chandelles. Une jeune vache est appelée *génisse*. Beaucoup de vaches, de veaux et de génisses avec un ou deux taureaux forment un troupeau. L'homme qui conduit ce troupeau s'appelle *vacher*. Le vacher a un chien qui lui aide à garder le troupeau; il a aussi un instrument, nommé *chalumeau*, sur lequel il joue des airs.

Voilà un sanglier. Le sanglier est un cochon sauvage. Voici le groin du sanglier. Voici les défenses du sanglier. Les défenses sont des dents longues et fortes. Le corps du sanglier est couvert de soies longues et rudes. De ces soies on fait des brosses, des pinceaux, des balais. Le sanglier habite les forêts; il mange des glands, des faînes, des racines, de l'herbe; souvent il va dans les champs et y mange des navets, du maïs, des carottes, des pommes de terre. Le sanglier est méchant; il tue les chiens de chasse et blesse le chasseur avec ses défenses. La chair du sanglier est bonne à manger; il fournit du lard excellent et des jambons délicieux.

Le cochon ressemble au sanglier; mais il n'a pas de défenses. Le cochon est sale et paresseux; il aime à se vautrer dans la fange. Le mâle du cochon est appelé *verrat* et la femelle est appelée *truie*. Le cochon mange tout ce qu'on lui donne: des glands, des pommes de terre, des soupes, des débris de cuisine. Le cochon nous fournit du lard, du jambon, du boudin et une excellente graisse, appelée *saindoux*. A quoi servent les soies de porc ?

**Répétition.**

94ᵉ EXERCICE (tableau n° 18).

Voilà un cheval. Le cheval est un bel animal. Il a la tête petite, les yeux grands et doux, les oreilles petites et pointues, les naseaux ouverts; le corps allongé, les jambes nerveuses et fines, un large poitrail, une belle queue en panache; le dessus de son cou est orné d'une crinière. La queue et la crinière sont formées de crins. Les crins servent à faire des brosses, des archets de violon, des matelas. Les pieds du cheval sont garnis de sabots; ces sabots ne sont pas fendus comme ceux de la vache. Chaque sabot est garni d'un fer à cheval. Quand le cheval fait entendre sa voix, on dit qu'il *hennit*. Le mâle du cheval est appelé *étalon*; la femelle *jument*, le petit *poulain*.

Les chevaux ont différentes couleurs; il y en a de noirs, de blancs, de bais (d'un rouge brun), d'alezans (fauves), de couleur isabelle (jaune clair), de gris pommelés.

Le cheval est très-propre et très-docile; il obéit à la voix de son maître. On lui met un mors dans la bouche, à ce mors est attachée la bride. On conduit le cheval par la bride; on peut aussi le conduire par les *guides* ou les *rênes*.

Quand on veut monter le cheval, on lui met une selle. Quand on veut atteler le cheval, on lui met un harnais. Le cheval traîne la charrue, la voiture, le carrosse, le char-à-bancs, la diligence, l'omnibus. Le cheval court vite; il peut aller au pas, au trot, au galop. Il y a des chevaux méchants qui mordent et lancent des ruades. Le cheval mange du foin, de l'avoine, de la paille, du trèfle, de l'herbe, des carottes avec de la paille hachée, de la balle de blé avec des pommes de terre cuites ou des betteraves, du son, des féveroles. On ne mange pas la chair du cheval et cependant on la dit fort bonne.

Voilà un âne. L'âne ressemble un peu au cheval, mais il est plus petit, il a de longues oreilles, sa queue ressemble à celle de la vache. La crinière de l'âne est plus courte que celle du cheval. Le poil de l'âne est gris. Quand l'âne fait entendre sa voix, on dit qu'il *brait*. L'âne n'est pas aussi fort que le cheval, mais on peut l'atteler à de petites voitures. L'âne peut porter de lourdes charges; il a le pied sûr et bronche rarement; il marche facilement dans les montagnes. L'âne mange peu et aime surtout les chardons. L'âne est entêté, têtu. Il y a aussi des enfants qui sont entêtés;

c'est très-mal que d'être entêté. La peau de l'âne est épaisse, on en fait du parchemin.

### 95ᵉ EXERCICE (tableau n° 19).
#### *Oiseaux de proie.*

Voici un milan, un vautour des agneaux, une buse, un vautour à tête blanche, un faucon, un aigle. Tous ces oiseaux ont le bec recourbé et les pattes garnies de *griffes* ou de *serres*; ils sont grands et forts et mangent d'autres oiseaux ou de petits quadrupèdes comme le lièvre, le lapin, le mulot, le rat. On les appelle oiseaux de proie; ils déchirent leur proie avec leurs serres et leur bec, puis ils la mangent. Les oiseaux de proie ne chantent pas, ils poussent des cris. Les oiseaux de proie habitent les champs et les forêts. Les buses mangent beaucoup de souris, de rats, de lézards, de crapauds, de grenouilles, de serpents. Les vautours mangent de la charogne. Qu'est-ce qu'une charogne? — Une charogne est le corps d'un animal mort. Le milan a la queue fourchue.

#### (Tableau n° 20.)
#### *Laniers, hiboux et rapaces.*

Voilà une hulotte ou chat-huant, un hibou, un grand-duc; ces oiseaux se nourrissent aussi de proie; ils ont un bec crochu et des serres; mais ils ne sortent que la nuit; on les appelle oiseaux de proie nocturnes. Ils ont les yeux très-grands et des plumes très-molles. Pendant le jour ces oiseaux se cachent dans des trous, dans des arbres creux; ils mangent beaucoup de souris, de rats et nous sont, par conséquent, utiles. Les gens crédules disent que ce sont des oiseaux de malheur; cela n'est pas vrai. Le grand-duc est facile à reconnaître, il a les oreilles garnies de deux aigrettes.

Voilà une crécerelle, un gerfaut, un aigle-pêcheur. Ce sont aussi des oiseaux de proie. L'aigle-pêcheur se nourrit surtout de poissons.

Voilà un lanier rouge. Le lanier rouge se nourrit d'insectes. Cet oiseau est perché sur une branche épineuse. Voilà des épines. Voilà une mouche piquée dans une épine. C'est le lanier qui a piqué ainsi cette mouche. Le lanier rouge a le bec courbé; il est très-courageux.

Voilà une pie-grièche. Cette pie-grièche a pris une mésange. La pauvre mésange est renversée sur le dos, elle crie. La pie-grièche veut manger la mésange. La pie-grièche a le bec crochu; elle est méchante; elle attaque les autres oiseaux; elle mange aussi des grenouilles, des lézards, des souris.

96ᵉ EXERCICE (tableau n° 21).

*Hirondelles, alcyons et grimpeurs.*

Voila une hirondelle de nuit (engoulevent). Cet oiseau se tient caché pendant le jour dans des trous, dans les arbres creux; la nuit il se met à voler de tout côté, en ouvrant le bec, pour attraper des papillons de nuit et d'autres insectes.

Voilà une huppe. La huppe est un bel oiseau; elle a le bec long et arqué, et une belle huppe mobile sur la tête. La huppe fait son nid dans les arbres creux et se nourrit de toutes sortes d'insectes qu'elle cherche dans les marais. La huppe a de belles couleurs, elle est noire, blanche, brune, jaune.

Voilà un guêpier. Le bec du guêpier est arqué. Le guêpier est vert, jaune et roux. Il mange des guêpes et des abeilles.

Voilà un pic bigarré. Le pic a les ongles forts et crochus; il grimpe le long des arbres; il cherche les insectes cachés sous l'écorce. Le pic a le bec fort; il frappe l'écorce de son bec pour faire sortir les insectes. Les plumes de la queue sont fortes et courtes; le pic se soutient avec sa queue. Il fait son nid dans des trous d'arbre: il creuse ces trous avec son bec. Le pic a de belles couleurs; il est noir, blanc, rouge. Voilà un pic bleu. Ce pic descend le long d'un arbre; son dos et ses ailes sont bleus; le dessous de son ventre est roux.

Voilà une hirondelle. L'hirondelle a la queue longue et fourchue et les ailes très-longues. L'hirondelle vole très-bien; elle fait la chasse aux insectes; elle est très-utile. L'hirondelle bâtit son nid avec de la boue. Ce nid est très-joli; il est attaché contre les murs et les corniches des toits. L'hirondelle vient chez nous au mois d'avril et nous quitte au mois de septembre; pendant l'hiver elle se rend dans les pays chauds. Il y a de méchants enfants qui détruisent les nids d'hirondelles; c'est très-mal. Quelles sont les couleurs de l'hirondelle?

Voilà un grimpereau des murs. Le grimpereau a le bec long, arqué, pointu; les ongles longs, crochus, acérés. Le grimpereau grimpe avec facilité; il mange des insectes. Voilà un autre grimpereau; il grimpe le long d'un arbre. Que cherche-t-il? Quel est le plus beau de ces deux grimpereaux? Quelles sont les couleurs de ces grimpereaux?

Voilà un alcyon (un martin-pêcheur). L'alcyon a de belles couleurs; il est bleu, noir, roux, jaune, vert; il a la queue courte, le bec long; il mange des poissons.

Voilà un torcol. Le torcol grimpe le long d'un arbre pour y chercher des insectes. Les torcols tournent sans cesse la tête à gauche et à droite, voilà pourquoi on les appelle torcols (tourne-cou).

97ᵉ EXERCICE (tableau n° 22).

*Omnivores.*

Voilà un coucou. Le coucou a la queue très-longue, il mange des chenilles, des insectes et les œufs des autres oiseaux. La femelle du coucou ne fait pas de nid, elle pond ses œufs dans les nids d'autres oiseaux. Le plumage du coucou est gris et noir avec des taches blanches.

Voici un rollier. Le rollier a de belles couleurs; la tête et le cou sont bleus, le dos fauve, le ventre vert. Le rollier mange des insectes, des fruits et des graines.

Voici un étourneau. L'étourneau se nourrit d'insectes, de vers, de limaçons; il aime à être dans les prairies; son plumage est noirâtre avec des taches blanches et rousses. L'étourneau apprend facilement à siffler un air et même à prononcer certains mots. On l'appelle aussi *sansonnet*.

Voilà un jaseur (de soie). Le jaseur a un toupet de plumes sur la tête; son plumage est d'un cendré rougeâtre, la gorge et la queue sont noires, sur chaque aile il y a des taches rouges et blanches.

Voilà un geai. Le geai a de belles plumes bleues sur

les ailes; il mange des glands, des noisettes, des fèves, des pois.

Voilà un corbeau. Le corbeau est grand et fort; son plumage est noir; il a la voix désagréable; on dit: le corbeau *croasse*. Il mange des vers, des insectes, des fruits, de la charogne. Les corbeaux vivent par troupes et recherchent les terrains humides, où ils trouvent beaucoup d'insectes.

Voilà un choucas (ou une corneille). Le choucas ressemble au corbeau; mais il est plus petit, son plumage est noir; mais la partie supérieure de son cou est d'un gris cendré.

Voilà une pie. La pie a une belle queue; elle a le bec fort; son plumage est noir et blanc. La pie est voleuse; elle enlève les objets brillants et les cache.

98$^e$ EXERCICE (tableau n° 23).

*Oiseaux chanteurs.*

Voilà un rouge-gorge. Pourquoi appelle-t-on cet oiseau rouge-gorge? — Parce qu'il a la gorge rouge.

Voilà un moqueur. Le moqueur n'a pas un plumage remarquable; mais il imite le chant de tous les autres oiseaux.

Voilà un merle doré (loriot). Le merle doré est jaune; ses ailes et sa queue sont noires. Il mange des insectes, des vers, des fruits, des baies, des graines.

Voici un gorge-bleue. Pourquoi appelle-t-on cet oiseau gorge-bleue?

Voilà un tarier. Le tarier a le bec court, les doigts longs et garnis d'ongles acérés; il a la poitrine rousse.

Voilà une fauvette à tête noire. La fauvette à tête

noire chante très-bien; son plumage est grisâtre, sa tête noire.

Voilà un gobe-mouches. Les gobe-mouches font la chasse aux insectes et surtout aux mouches, dont ils se nourrissent.

Voilà un pluvier. Le pluvier habite le bord de l'eau où il cherche des insectes, des vers, des limaces. Il vient dans nos contrées au commencement de l'hiver, à l'époque des pluies, voilà pourquoi on l'appelle *pluvier*.

Voilà un hochequeue (la bergeronnette). Le hochequeue a une longue queue. Cette queue est toujours en mouvement; voilà pourquoi on a appelé cet oiseau hochequeue.

Voilà un roitelet. Le roitelet est très-petit : il habite les broussailles, les haies; il y fait son nid, qui est grand comme une grande coquille de noix ; la femelle pond quatre ou cinq œufs gros comme des pois.

Tous ces oiseaux sont des oiseaux chanteurs. C'est la fauvette à tête noire qui chante le mieux parmi ces oiseaux. Mais le rossignol chante encore mieux.

(Tableau n° 24.)

Voilà encore des oiseaux chanteurs. Le bec-croisé, et le chardonneret qui ont des couleurs brillantes. Le serin au plumage jaune et vert. Le gros-bec qui aime les cerises et les baies. La linotte, et la charbonnière qui est bien-jolie. L'ortolan dont la chair est fort bonne à manger. Le bouvreuil (pivoine) dont la poitrine est rouge de sang. Le roitelet huppé qui est très-petit et très-joli. L'alouette, aux doigts longs et aux ongles acérés, qui vole sans cesse dans les airs et y fait entendre son chant agréable.

**Répétition.**

99ᵉ EXERCICE (tableau n° 25).

*Gallinacés.*

Voilà un faisan doré. C'est un très-bel oiseau; il porte une huppe jaune sur la tête; sa queue est très-longue, son dos vert, son ventre rouge. Le faisan vit dans les forêts et on en voit souvent aussi dans les basses-cours. Sa chair est bonne à manger.

Voilà un paon. Le paon est encore plus beau que le faisan; il porte sur la tête une aigrette magnifique; son corps est bleu, sa queue verte, très-longue et très-large. Le paon peut redresser sa queue en forme de roue. La voix du paon est très-désagréable et sa chair n'est pas bonne à manger. La femelle du paon est appelée paonne.

Voilà un dindon. Le dindon est un oiseau gros et fort; il peut aussi faire la roue avec sa queue; son plumage a différentes couleurs; il est mélangé de brun, de gris, de noir, de vert. Sur la tête et le cou le dindon porte une peau nue rougeâtre. La chair du dindon est bonne à manger; on l'engraisse en lui donnant des pommes de terre cuites, du blé, de l'avoine. La femelle du dindon se nomme *dinde* et les petits *dindonneaux*. La dinde pond des œufs très-gros, couverts de petits points bruns.

Voilà un coq. Le coq est un bel oiseau; il a la tête ornée d'une belle crête rouge et sa queue est très-belle aussi. Son plumage est un mélange de noir, de blanc, de brun, de jaune, de gris, de roux et de vert; il a les jambes fortes, les doigts et les ongles courts; ses jambes sont armées d'éperons (ergots). Le coq a la voix forte et perçante; il chante chaque matin de bonne heure, avant le lever du soleil. Le coq est courageux; il attaque et se défend avec son bec et ses éperons. La chair du coq est bonne à manger. La femelle du coq se nomme poule; les petits sont appelés poussins.

Voilà un faisan commun. Le faisan commun n'est pas aussi beau que le faisan doré; les plumes de sa queue sont très-longues; sa chair est bonne à manger.

Voilà un pigeon. Les pigeons habitent des maisonnettes qu'on appelle pigeonniers (colombiers). Les petits pigeons sont nommés *pigeonneaux;* la chair des pigeonneaux est bonne à manger. La femelle du pigeon ne pond que deux ou trois œufs. Les pigeons volent souvent dans les champs, par troupes, pour y chercher leur nourriture. Il y a aussi des pigeons sauvages. Les pigeons domestiques habitent nos maisons; les pigeons sauvages habitent les forêts et les montagnes.

Voilà une pintade. La pintade a une espèce de corne sur la tête; son plumage est un mélange de noir, de blanc et de gris; sa chair est bonne à manger; mais sa voix est très-désagréable. La femelle ne pond que peu d'œufs.

Tous ces oiseaux sont élevés dans la basse-cour, voilà pourquoi on les appelle oiseaux de basse-cour.

## 100ᵉ EXERCICE (tableau n° 26).
### *Poules sauvages.*

Voilà un vanneau. Le vanneau mange des vers et des insectes. Le plumage du vanneau est un mélange de brun, de jaune, de roux et de blanc. Voilà un vanneau huppé. Le vanneau huppé a une longue et belle huppe; ses ailes sont vertes, sa poitrine noire, le ventre blanc, les pieds et le bec rouges.

Voilà un coq de bruyère. C'est un grand et bel oiseau; il habite les forêts; sa chair est très-bonne à manger; ses jambes sont couvertes de plumes (emplumées); ses yeux sont entourés d'un cercle rouge; il mange des feuilles, des baies, des bourgeons.

La poule de bois (ou birkhan, ou coq de bruyère à queue fourchue), a la queue fourchue; ses jambes sont aussi emplumées et ses paupières sont garnies d'une belle peau rouge.

Voilà une gelinotte. La gelinotte est plus petite que le coq de bruyère; elle a aussi les jambes emplumées; le dessous de son corps est blanc, le dessus est un mélange de gris, de bleu et de noir; sa chair est très-bonne à manger.

Voilà une perdrix. La perdrix a le bec court et la queue courte; elle habite les champs, les forêts, les prés, les vignes et mange des grains; la femelle fait son nid par terre et pond de dix à quinze œufs. Les petits s'appellent *perdreaux*; les perdreaux courent dès qu'ils sortent de l'œuf et se mettent immédiatement à chercher leur nourriture.

Voilà une bartavelle. La bartavelle est aussi une

espèce de perdrix, mais elle a des couleurs plus vives. La perdrix ordinaire est brune, son ventre est gris blanc; le ventre de la bartavelle présente des raies jaunes et rouges.

Voilà une foulque noire. La foulque noire vit sur le bord de l'eau; elle mange des insectes, des vers, des grains, des poissons; elle nage bien et court très-vite; son plumage est bleuâtre, ses ailes sont bordées de blanc. La femelle place son nid dans les joncs et les roseaux. Voilà une foulque à jambes vertes.

Voilà un râle. Le râle habite le bord de l'eau, les marais, les prés. Le dessus de son corps est brun, tacheté de noir, sa poitrine est cendrée, ses flancs rayés de noir et de blanc. Le râle court très-vite et nage bien; il mange des insectes, des vers, des limaçons, des baies, des semences.

101ᶜ EXERCICE (tableau nº 27).

*Oiseaux de marais et oiseaux aquatiques.*

Voilà un butor. Le plumage du butor est d'un fauve doré avec des taches noires; il mange des grenouilles, des lézards, des poissons.

Voilà une outarde barbue. Cet oiseau est très-grand, plus gros que le dindon; il se tient dans les champs de blé et les broussailles; il mange des insectes, des grains, des bourgeons. L'outarde a des moustaches, des ailes courtes; elle vole avec peine; mais elle court très-vite.

Voilà une bécasse. La bécasse a le bec très-long; sa chair est très-bonne à manger; les chasseurs la tirent le soir après le coucher du soleil; pendant le jour elles se tiennent cachées dans les broussailles. Les bécasses sont des oiseaux voyageurs; elles viennent chez nous en automne; elles mangent des vers, des limaçons.

Voilà une cigogne. La cigogne a les jambes, le cou et le bec très-longs; elle se nourrit de crapauds, de lézards, de grenouilles, de serpents, de poissons, de souris, de taupes, qu'elle cherche dans les prés, les marais, les champs; la cigogne est donc un oiseau très-utile. Elle ne reste pas chez nous pendant l'hiver; elle ne supporte pas le froid et trouverait peu de nourriture, lorsque la terre est gelée et couverte de neige. La cigogne fait son nid sur de grands arbres, sur des cheminées ou sur des roues qu'on place sur les toits des maisons. Les chasseurs ne tuent pas la cigogne, parce qu'elle est si utile.

Voilà un héron. Le héron a le cou, les jambes et le bec longs et une aigrette sur la tête; sa poitrine est ornée de plumes longues et fines, son plumage est bleu gris; il mange des poissons, des grenouilles, des lézards et des serpents, comme la cigogne.

Voilà une grue. La grue est un grand et bel oiseau; son plumage est gris cendré; elle vole très-bien et s'élève à une grande hauteur. Les plumes de sa queue sont très-belles; elle mange des graines, des reptiles, des insectes.

102ᵉ EXERCICE (tableau n° 27, suite).

Voici un canard. Le canard est un bel oiseau; son plumage a toutes sortes de couleurs; il est mélangé de vert, de jaune, de brun, de noir, de blanc, de gris. Le canard a le bec large et les doigts réunis par une membrane; il nage très-facilement. Il mange des insectes, des vers, des grains, des fruits, tout ce qu'il trouve. Le canard aime l'eau et il barbotte sans cesse dans la fange. La femelle du canard se nomme *cane*. La cane pond un assez grand nombre d'œufs, qui sont bons à manger. La chair du canard est fort bonne. Les plumes du canard sont grasses, elles ne se mouillent pas dans l'eau.

Voilà une oie. L'oie est grosse et lourde; elle a les pattes palmées; elle nage facilement; mais elle est trop lourde pour voler. L'oie nous donne un excellent duvet pour nos lits et des plumes pour écrire. L'oie pond des œufs très-gros, sa chair est bonne à manger, sa graisse est excellente et de son foie on fait des pâtés. Il y a aussi des oies sauvages qui viennent chez nous en hiver. L'oie mange de l'herbe, des grains, des pommes de terre, des fruits. Le mâle de l'oie se nomme *jars*, et les petits sont appelés *oisons*. On réunit souvent les oies en troupes pour les conduire au pâturage.

Voilà un cygne. Le cygne est un grand et bel oiseau tout blanc, avec un bec rouge, bordé de noir. Le cygne a les pattes noires, palmées et nage très-bien, en nageant il ouvre un peu les ailes. Le cygne se nourrit d'herbes, d'insectes, de grains.

Voilà une mouette. La mouette a aussi les pattes palmées, mais son bec est recourbé; elle a les ailes longues et vole très-bien; elle est vorace et mange tout ce qu'elle trouve: des poissons, des fruits, des insectes, de la chair, de la charogne.

Les oiseaux qui ont les pattes palmées sont des

oiseaux d'eau ou oiseaux aquatiques. Les oiseaux qui ont de longues jambes sont des échassiers. Le cygne est un oiseau aquatique; la cigogne est un échassier.

103ᵉ EXERCICE (tableau n° 28).<br>
*Amphibies ou reptiles.*

Voilà une couleuvre. La couleuvre a le corps long et arrondi; sa queue est mince et flexible; son corps est couvert d'écailles. La couleuvre n'a point de pieds et cependant elle court très-vite, elle peut même grimper sur les arbres; elle saute bien aussi. La tête de la couleuvre est aplatie et sa langue est fourchue. Sur le dos les écailles de la couleuvre sont mélangées de noir, de bleu et de vert; sous le ventre ses écailles sont jaunes et noires. La couleuvre a des dents très-petites et très-pointues; elle mange des insectes, des vers, des têtards, des grenouilles, des lézards; elle se tient dans les prés, les forêts, les broussailles et les champs. La couleuvre pond des œufs à coque molle, que le soleil fait éclore; elle change de peau chaque année. La couleuvre nage aussi avec facilité. La couleuvre n'est pas venimeuse, et elle nous est très-utile. La couleuvre et tous les animaux qui lui ressemblent, sont appelés *serpents*.

Voici un orvet. L'orvet est un joli petit serpent à couleurs très-brillantes; on l'appelle aussi *serpent de verre*, parce qu'il se raidit souvent au point qu'on peut le casser. L'orvet a les yeux très-petits et des dents très-fines; il mange des insectes, des vers, des chenilles et nous est très-utile. On trouve quelquefois des orvets dans les jardins et dans les caves.

Voilà une vipère. La vipère est un serpent venimeux, sa tête est triangulaire et le long de son dos se voit une ligne noire. La morsure de la vipère est dangereuse et peut donner la mort. La vipère mange des insectes, des vers, des lézards, des oiseaux, des souris; elle ne pond pas d'œufs, mais fait des petits.

Voilà un lézard vert. Le lézard a quatre pieds très-courts; son corps est couvert d'écailles; ces écailles sont vertes sur le dos et jaunes sous le ventre; sa queue est longue et arrondie, sa langue fourchue. Le lézard a des dents très-petites et pointues; il mange des insectes et des vers. La femelle du lézard pond des œufs à coque molle que le soleil fait éclore. Le lézard aime la chaleur du soleil et recherche toujours les lieux chauds, les ravins, les endroits secs. Il habite des troncs d'arbres creux, des trous, des fentes, des broussailles. En hiver le lézard s'engourdit et reste comme mort jusqu'au printemps, alors il change de peau. Il y a aussi des lézards gris.

Voilà une salamandre. La salamandre ressemble au lézard, elle a aussi quatre pattes et la queue longue et arrondie; elle a des dents très-petites et mange des insectes, des vers, des limaces. La salamandre aime les lieux frais et humides; elle habite des trous d'où elle ne sort que la nuit ou pendant la pluie. Le corps de la salamandre est brun foncé avec des taches claires. Il y a aussi une espèce de salamandre qui vit dans l'eau.

Tous ces animaux se traînent sur le ventre, voilà pourquoi on les a appelés *reptiles*. Qu'est-ce qu'un reptile? — C'est un animal qui pour avancer se traîne sur le ventre. Tous les reptiles sont engourdis pendant l'hiver.

**Répétition.**

104ᵉ EXERCICE (tableau n° 29).
*Animaux aquatiques, et autres.*

Voilà une anguille. L'anguille est un poisson. Le corps de l'anguille est allongé. Voilà les nageoires de l'anguille; deux de ces nageoires sont placées derrière le cou, et une longue nageoire sur le dos et sur la queue. C'est avec les nageoires que les poissons nagent dans l'eau. L'anguille ressemble beaucoup au serpent; son corps est arrondi; elle mange des vers, de petits poissons, des grenouilles. La chair de l'anguille est bonne à manger. Elle est noirâtre et n'a point d'arêtes.

Voilà un brochet. Le brochet est un poisson de proie, il mange les autres poissons. Montrez les nageoires du brochet. Le brochet a la gueule très-fendue et des dents longues et recourbées. La chair du brochet est très-bonne à manger. Le corps du brochet est couvert d'écailles. Deux nageoires sont placées de chaque côté de la poitrine, deux autres de chaque côté du ventre, et trois à la queue.

Voilà un saumon. Le saumon est un gros poisson qui habite la mer et vient quelquefois dans les rivières profondes; il est noirâtre sur le dos, bleuâtre sur les flancs et argenté sous le ventre; tout son corps est couvert de taches noires. Le saumon a des dents nombreuses et fortes et mange d'autres poissons; il nage très-bien et sa chair est fort bonne.

Voilà une perche. La perche a des couleurs magnifiques, ses écailles sont dorées, ses nageoires d'un rouge vif, son corps est verdâtre ; elle mange des salamandres, des vers, des insectes, des grenouilles. La nageoire du dos est armée de piquants.

Voilà une carpe. La carpe a les écailles larges et brillantes ; elle a deux barbillons aux lèvres ; sa chair est très-bonne à manger.

Les poissons ont le sang rouge et froid ; ils sont muets, leurs yeux sont immobiles et n'ont point de paupières ; ils pondent un nombre infini d'œufs que le soleil fait éclore. Quand on sort les poissons de l'eau, ils meurent bientôt. On prend les poissons à l'hameçon ou au filet. Les poissons de mer sont beaucoup plus gros que les poissons d'eau douce.

105ᵉ EXERCICE (tableau n° 29, suite).

Voilà une grenouille. La grenouille a quatre pattes ; ses pattes de derrière sont beaucoup plus longs que les pattes de devant ; les doigts des pattes de derrière sont réunis par une membrane. La grenouille nage très-bien ; elle peut plonger et rester longtemps sous l'eau ; elle peut aussi vivre à terre, dans les endroits humides. La grenouille ne peut pas marcher, parce que ses pattes de derrière sont trop longs ; elle saute ; son dos est vert, avec des taches noires ; son ventre est jaune. La grenouille mange des insectes, des vers, des sauterelles ; elle nous est donc très-utile : elle pond un grand nombre d'œufs que le soleil fait éclore. Des œufs de grenouilles on voit sortir de petits animaux noirs, ayant une grosse tête et une queue ; on les appelle *têtards;* les têtards vivent dans les mares; au bout d'un certain temps les têtards se changent en grenouilles. On peut manger les jambes de grenouilles, elles sont fort bonnes. En hiver les grenouilles sont engourdies dans des trous et au fond de l'eau. Dans les champs et dans les prés on trouve des grenouilles de couleur jaune et brune. Quand les grenouilles font entendre leur voix, on dit qu'elles *coassent*. Les grenouilles *coassent;* les corbeaux *croassent*.

Voilà un crapaud. Le crapaud ressemble à la grenouille, mais il est hideux; il vit dans l'eau et sur la terre. Le crapaud n'est pas venimeux; il est utile, parce qu'il dévore une grande quantité d'insectes. Pour trouver ces insectes, il creuse de longues galeries dans la terre. Le crapaud est noir sur le dos et jaune sous le ventre.

Voilà une écrevisse. L'écrevisse a beaucoup de pattes. Combien de paires? Les deux premières pattes sont plus fortes et plus grosses que les autres. Ces pattes sont terminées par des pinces. Les trois premières paires de pattes de l'écrevisse sont garnies de pinces. Le corps de l'écrevisse est recouvert d'une écaille dure qu'on appelle le *test*. L'écrevisse porte à sa tête deux longues cornes qu'on appelle *antennes;* ses yeux sont cornées et immobiles. Elle se creuse des trous au fond de l'eau et mange des insectes, des vers, des poissons. L'écrevisse est bonne à manger; elle pond des œufs que le soleil fait éclore. Les écrevisses marchent souvent au fond de l'eau; elles marchent en avant, en arrière et sur le côté. On trouve dans la mer une écrevisse très-grosse qu'on appelle *homard*.

Voilà un escargot (ou limaçon). L'escargot porte sur son dos une petite maisonnette ou coquille. Le corps de l'escargot est de couleur grise et de forme allongée. L'escargot porte sur sa tête deux paires de cornes qu'on appelle *tentacules*. La paire la plus longue porte les yeux de l'escargot; il peut retirer ces tentacules dans sa tête et y cacher ses yeux. L'escargot mange des fruits et toutes sortes de plantes. L'escargot est aussi appelé limaçon. Il y a un autre animal qui ressemble parfaitement au limaçon, mais qui n'a pas de coquille, on l'appelle *limace*. Quelle différence y a-t-il entre le limaçon et la limace? — Le limaçon a une coquille, la limace n'en a point. On trouve les limaces et les limaçons dans les champs, les prés, les forêts. On peut manger les escargots, leur chair est bonne; ils sont nuisibles, parce qu'ils gâtent beaucoup de plantes et de fruits. L'escargot et la limace marchent très-lentement.

106e EXERCICE (tableau n° 30).
*Insectes.*

Voilà des papillons. Comptez ces papillons? Un papillon, deux papillons, trois..... sept; il y a là sept papillons. Chaque papillon a quatre ailes; ces ailes sont ornées de belles couleurs. Chaque papillon a sur la tête deux *antennes*. Les papillons ont six pieds. La bouche des papillons est garnie d'une trompe; avec cette trompe ils boivent le suc des fleurs. La femelle des papillons pond un grand nombre d'œufs; le soleil fait éclore ces œufs; il en sort des espèces de vers qu'on appelle chenilles. Voilà une chenille. Les chenilles ont beaucoup de pieds et mangent des feuilles. Les chenilles se changent en *chrysalides ;* les chrysalides se changent en papillons. Nommez ces papillons? — Voilà le papillon à tête de mort, le cordon rouge, le papillon du fenouil, la teigne de chêne, l'apollon, le paon de jour, le paon de nuit, la chenille du paon de nuit, etc.

Voilà un cerf-volant. Le cerf-volant est grand et fort, sa tête est très-grande et garnie de deux mandibules fortes et dentelées ; avec ces mandibules le cerf-volant creuse le bois. Voilà les antennes du cerf-volant; il a trois paires de pattes ; chaque patte est garnie d'un double crochet. Les ailes du cerf-volant sont cornées.

Voilà une demoiselle (libellule). La demoiselle a le corps très-allongé, quatre ailes transparentes, de gros yeux, et six pattes. La demoiselle a de belles couleurs, elle est bleue, verte, noire, et vole sans cesse sur le bord de l'eau pour faire la chasse aux mouches, aux cousins et à d'autres insectes, dont elle se nourrit.

Voilà une courtilière. La courtilière est un animal hideux et très-nuisible. Elle a trois paires de pattes; la première paire est large et forte. La courtilière creuse des galeries dans la terre et coupe les racines des plantes.

Voilà une sauterelle verte (ou grande sauterelle). Cette sauterelle a deux longues antennes; ses pieds de derrière sont très-longs ; elle saute très-bien ; elle vole aussi et a de grandes ailes. La sauterelle est très-nuisible, elle mange beaucoup de plantes.

Voilà une araignée porte-croix. Cette araignée est

grosse et hideuse. Il y a aussi d'autres araignées qui sont plus petites. Les araignées ont quatre paires de pattes longues et quatre paires d'yeux; elles tissent des toiles pour prendre des mouches et d'autres insectes dont elles se nourrissent. Les araignées sont donc des animaux utiles.

### 107ᵉ EXERCICE (tableau n° 31).
*Plantes vénéneuses.*

Voilà un colchique d'automne. Le colchique d'automne croît dans les prés humides; ses feuilles sont grandes, vertes, sa fleur est de couleur rose; voici deux capsules qui sont remplies de graines ou de semence. Le colchique d'automne porte une espèce d'oignon ou de bulbe, caché dans la terre. Ce bulbe contient un suc vénéneux. Les fleurs du colchique se montrent en automne et annoncent l'approche de l'hiver.

Voilà la renoncule des marais; cette fleur croît dans les prés humides; elle a des feuilles dentelées et des fleurs jaunes; elle est vénéneuse.

Voici la digitale rouge (pourprée); c'est une grande et belle fleur d'un beau rouge, avec des points foncés. On l'emploie en médecine; elle est vénéneuse.

### (Tableau n° 32.)

Voilà le gouet ou pied-de-veau (arum). C'est une bien belle plante. Voici la feuille du gouet, cette feuille a la forme d'un pied de veau. Voici la fleur du gouet; cette fleur est rouge, allongée et renfermée dans une espèce de cornet (spathe) qui ressemble à une oreille d'âne. Voilà les fruits du pied-de-veau. Ces fruits sont d'un beau rouge et portés par une longue hampe. Le gouet est vénéneux.

Voilà le daphné bois-gentil ou joli-bois; c'est un joli arbuste; ses fleurs sont roses et répandent une bonne odeur; ses fruits sont des baies rouges. On emploie l'écorce en pharmacie. Le bois-gentil est vénéneux.

(Tableau n° 33.)

Voilà l'ivraie des blés. Cette plante croît dans les champs, elle ressemble un peu à l'avoine; elle produit des grains vénéneux. Quand une grande quantité d'ivraie est mêlée au pain et qu'on en mange, on tombe malade, on peut même en mourir.

Voilà la jusquiame; c'est une plante qui croît dans les champs incultes; elle est couverte de poils gras; ses feuilles sont molles, découpées; ses fleurs sont d'un jaune pâle avec des taches foncées. La jusquiame répand une odeur forte et désagréable. C'est une plante vénéneuse; on l'emploie en pharmacie.

Voilà une branche d'if. L'if est un arbre; on le plante souvent dans les cimetières; l'if porte de petites feuilles, ses fruits sont rouges et de la grandeur d'une petite cerise. Les feuilles et les fruits de l'if sont vénéneux.

Voilà la parisette (raisin-de-renard). La parisette croît dans les bois; elle a quatre feuilles disposées en croix, et porte un fruit noirâtre. La parisette est vénéneuse.

**Répétition.**

## 108ᵉ EXERCICE (tableau n° 34).

*Plantes vénéneuses* (Suite).

Voici la belladone ; c'est une grande et belle plante, à grandes et belles feuilles ovales qui répandent une odeur désagréable, ses fleurs ont la forme de clochettes ; elles sont d'un rouge sombre ; ses fruits ont la forme d'une cerise, ils sont d'abord verts, puis ils deviennent rouges, et enfin noirs. Ces fruits sont vénéneux. On emploie la belladone en pharmacie.

Voilà le datura (stramoine). Le datura est une grande plante, à feuilles larges, ayant plusieurs rameaux. Le datura porte de grandes et belles fleurs blanches et des capsules, hérissées de pointes, qu'on nomme *pommes épineuses*. C'est une plante vénéneuse.

### (Tableau n° 35.)

Voilà la douce-amère ; cette plante a des tiges grimpantes, des fleurs d'un violet foncé et produit des baies rouges ; elle croît dans les lieux humides, et est employée en pharmacie.

Voilà l'aconit bleu. C'est aussi une plante vénéneuse.

### (Tableau n° 36.)

Voilà des champignons. Tous ces champignons sont vénéneux. Les champignons croissent dans les lieux humides, dans les bois. Il y a des champignons qu'on peut manger, mais tous ceux qui sont figurés sur ce tableau, donnent la mort quand on en mange. — Chaque champignon se compose d'un *chapeau* et d'un *pédicule* ; quelques-uns portent de plus autour du pédicule un anneau qu'on appelle *collier*.

Voilà l'agaric des mouches; le chapeau en est rouge avec des taches blanches. Voici l'agaric meurtrier; son chapeau est brun foncé avec des taches noirâtres. Voici la morille puante, dont le chapeau est vert. Voici l'agaric poivré, à chapeau brun jaune. Voici l'agaric vomitif, le chapeau est rouge brun; le bord du chapeau est dentelé. Voici l'agaric vernal, qui est tout blanc. Voici enfin l'amanite rouge, à chapeau jaune rouge.

109ᵉ EXERCICE (tableau nº 37).

*Fleurs d'hiver.*

Voici l'ellébore à fleurs de rose (rose de Noël). Les feuilles de cette fleur sont réunies au sommet de la tige, en forme d'éventail; les fleurs sont blanches et un peu rosées; elles ont cinq pétales; elles ont la forme d'une rose. Cette fleur s'ouvre en hiver.

Voici l'ellébore puant (fétide) [pied-de-griffon]; les fleurs en sont vertes, bordées de rouge.

(Tableau nº 38.)

*Fleurs de printemps.*

Voilà le lis gladié (l'iris, le glaïeul); c'est une belle fleur, à pétales bleues, jaunes à l'intérieur. Il y a aussi un iris jaune, qui croît au bord de l'eau et dans les marais.

Voilà une rose (à cent feuilles). La rose croît sur un arbrisseau qu'on appelle rosier. Les rameaux du rosier sont garnis d'épines. La rose a un grand nombre de pétales; elle répand une odeur délicieuse. Voilà un bouton de rose. — Il y a beaucoup d'espèces de roses : des roses blanches, des roses sauvages, des roses mousseuses.

Voilà la primevère auricule (oreille-d'ours). Il y a aussi une primevère qui croît dans les prés, et qui a des fleurs jaunes; on en fait de la tisane.

Voilà la tulipe. La tulipe a une longue hampe; elle est de couleur orange. La tulipe est une belle fleur, mais elle n'a pas d'odeur. Il y a des tulipes de toutes les couleurs, de jaunes, de blanches, de couleurs mêlées.

Voilà un narcisse jaune. Le narcisse jaune a une couronne jaune et des feuilles jaunes; c'est une des premières fleurs du printemps. Il y aussi un narcisse blanc, à couronne blanche, bordée de rouge.

Voici la perce-neige; c'est une petite fleur blanche qui fleurit dans les premiers jours du printemps, quand il tombe souvent encore de la neige.

Voilà la pervenche; elle a des tiges grêles (faibles) et rampantes, qui prennent racine de distance en distance; ses fleurs sont bleues. La pervenche est cultivée dans les jardins, mais on la trouve aussi dans les bois.

110$^e$ EXERCICE (tableau n° 39).

### Fleurs d'été.

Voilà l'ancolie. L'ancolie est une jolie fleur bleue, à cinq pétales qui ont la forme d'éperons ou de cornets recourbés.

Voici le grand œillet. L'œillet est une belle fleur d'une odeur délicieuse. Voici le calice de l'œillet. Le calice est vert. Voici la corolle. La corolle est formée de beaucoup de pétales; les pétales sont rouges. Il y a des œillets de toutes sortes de couleurs.

Voilà un lis de Saint-Jean, à fleur orange.

Voilà la capucine. Les feuilles de la capucine sont arrondies; les feuilles sont jaunes à l'extérieur et oranges à l'intérieur. On confit dans le vinaigre les boutons et les fruits de la capucine. La fleur sert à orner la salade. La capucine est une fleur grimpante.

(Tableau n° 40.)

Voilà un dahlia. C'est une grande et belle fleur, mais elle n'a pas d'odeur. On en trouve de couleur rouge, blanche, de couleurs mêlées. Le dahlia est une plante tuberculeuse, c'est-à-dire qu'il produit des tubercules, qui ressemblent au topinambour.

Voici le tournesol (soleil). C'est une fleur très-grande, de couleur jaune; elle fournit une grande quantité de graines, dont on peut faire de l'huile.

Nommez d'autres fleurs encore?

Le lis, la balsamine, le réséda, le bâton d'or, le muguet, l'aster, la germandrée, la campanule, la marguerite, la giroflée, le lilas, la jacinthe, le souci, le jasmin, le chèvre-feuille, la violette, la pensée.

Où croissent les fleurs?

Les fleurs croissent dans les champs, les prés, les forêts, les jardins. Presque toutes les fleurs répandent une odeur agréable. Nommez des fleurs qui répandent une bonne odeur. — La rose, l'œillet, le muguet, la violette, le réséda sont des fleurs qui répandent une odeur agréable. Nommez des fleurs qui n'ont point d'odeur. — Le dahlia, le tournesol, la pensée, la pivoine sont des fleurs qui n'ont point d'odeur.

Beaucoup de fleurs croissent sauvages dans les

champs, les prés et les forêts, par exemple, le muguet, la renoncule des marais, l'iris, la pervenche, la perce-neige, la rose de Noël, la germandrée des prés, le bluet, le coquelicot.

Avec les fleurs on fait de beaux bouquets; on place les bouquets dans des vases remplis d'eau. On cultive certaines fleurs dans des pots à fleurs.

Les fleurs ornent les jardins; les fleurs sont un ornement.

Qui est-ce qui donne aux fleurs leurs belles couleurs? — C'est le bon Dieu qui donne aux fleurs leurs belles couleurs. Comment faut-il faire pour avoir des fleurs? — Pour avoir des fleurs, il faut jeter en terre de la semence. Pourquoi n'y a-t-il point de fleurs en hiver? — Il n'y a pas de fleurs en hiver, parce qu'il fait trop froid, les fleurs ne peuvent pas croître, la terre est gelée et couverte de neige.

111$^e$ EXERCICE (tableau n° 41).

*Fruits à pepins.*

Voici des fruits, des pommes, une poire, un coing. Voilà une pomme rayée, une pomme rose. Les pommes croissent sur des arbres, appelés pommiers. Les pommes sont arrondies, elles sont attachées aux rameaux par des queues. Les rameaux portent aussi des feuilles. Au printemps le pommier fleurit; les fleurs du pommier sont très-belles, elles sont blanches et rouges. Quand les fleurs sont passées, il se montre de petites pommes, ces petites pommes grossissent chaque jour; elles prennent de belles couleurs, enfin elles mûrissent. Quand les pommes sont mûres, on les cueille. Beaucoup de pommes tombent aussi des arbres; le vent secoue les branches et les fait tomber. On donne les pommes non mûres aux cochons. Les pommes mûres sont bonnes à manger; on les porte au grenier et on les étend sur une couche de paille, ou bien on les place dans la cave sur des claies. Les pommes mûres répandent une bonne odeur. Souvent on écrase les pommes pour en faire du cidre; le cidre est un vin agréable, une bonne boisson, une boisson spiritueuse. On emploie aussi les pommes pour faire de la compote, de la gelée, des confitures. On récolte les pommes en automne, au mois de septembre et d'octobre. Les pommes se conservent longtemps, jusqu'au mois de juin et de juillet de l'année suivante. Quand on coupe une pomme, on trouve à l'intérieur des pepins; les pepins sont la semence des pommes. Quand on place des pepins en terre, il en sort des pommiers. Le pommier nous donne un excellent bois, dont on fait des meubles, du bois de chauffage. Il y a beaucoup d'espèces de pommes: la pomme rayée, la pomme rose, la rainette grise, la rainette à côtes, le calville, etc.

Voilà une poire. La poire est allongée; la poire est un fruit à pepins. L'arbre qui porte la poire, est appelé poirier. Le poirier est un grand et bel arbre; son bois est fort bon; on en fait de beaux meubles, des règles, des équerres. Il y a un grand nombre d'espèces de poires : le beurré est une des meilleures. Les poires mûrissent au mois de septembre et d'octobre; elles sont bonnes à manger; on peut en faire une espèce de vin, appelé *poiré*. Quand on conserve les poires pendant longtemps, elles deviennent molles, on dit alors qu'elles sont *blettes*.

Voilà un coing. L'arbre qui produit les coings, se nomme cognassier. Le coing est aussi un fruit à pepins; il ressemble un peu à la poire, mais il a des côtes saillantes. Il y a des coings-pommes et des coings-poires. Le coing sert à faire de bonnes gelées, des compotes.

112e EXERCICE (tableau n° 42).

*Fruits à noyaux.*

Voilà des fruits : des prunes, des reines-claudes, des pêches, des abricots. Tous ces fruits renferment un noyau, on les appelle fruits à noyau. Dans le noyau, on trouve une amande. Voilà des prunes. Les prunes sont d'excellents fruits; elles viennent sur un arbre appelé *prunier*. Quand les prunes sont mûres, elles sont de couleur violette foncée; elles sont fort bonnes à manger; on en fait des confitures, des gelées; on peut aussi en faire de l'eau-de-vie. On sèche les prunes au four ou au soleil, alors on obtient les *pruneaux*, qui sont bons à manger et qu'on donne souvent aux malades. Il y a un grand nombre d'espèces de prunes; la reine-claude, la mirabelle sont des espèces de prunes. On trouve aussi dans les champs et dans les forêts un prunier épineux, appelé *prunellier*. Le prunellier produit de petits fruits ronds, âpres, dont on fait une excellente eau-de-vie. — La reine-claude et la mirabelle donnent d'excellente gelée.

Voilà des pêches. L'arbre qui produit les pêches,

est nommé pêcher. Le pêcher a des feuilles peu larges et assez longues, et un bois tendre. La peau de la pêche est velue et sa chair est délicieuse. On cultive le pêcher dans les vignes et dans les jardins; il y a des pêches jaunes et des pêches rouges; elles mûrissent au mois de septembre ou d'octobre. Le pêcher fleurit au mois de mars ou d'avril.

L'amandier ressemble beaucoup au pêcher; il produit les amandes. Certaines amandes ont une coque dure et osseuse, d'autres une coque tendre et fragile. On mange les amandes au dessert, on en fait une huile employée en pharmacie, et une boisson nommée *orgeat*.

Voilà des abricots. L'arbre qui porte les abricots, est appelé abricotier. Les abricots sont des fruits délicieux, dont on fait d'excellentes confitures.

(Tableau n° 43.)

Voilà des cerises. L'arbre qui porte les cerises est appelé cerisier. Le cerisier est un grand et bel arbre, à écorce lisse. Les cerises sont de bons fruits, très-doux, on en fait des confitures, des gelées, une eau-de-vie appelée *kirschwasser;* on peut aussi les sécher. Il y a un grand nombre d'espèces de cerises: la cerise hâtive, le bigarreau, la griotte (cerise aigre). Le bois de cerisier est excellent, on en fait de beaux meubles. Les cerises mûrissent au mois de juin et de juillet. — Voici des cornouilles. Les cornouilles sont des fruits rouges, allongés, acidulés. L'arbre qui porte les cornouilles est appelé cornouiller.

**Répétition.**

**113ᵉ EXERCICE** (tableau nº 43).
*Fruits bacciformes.*

Voilà des framboises. Les framboises viennent sur un buisson appelé *framboisier*. Les branches du framboisier sont garnies d'aiguillons crochus. On cultive le framboisier dans les jardins, mais il y a aussi des framboisiers sauvages.

Il y a des framboises rouges, des framboises jaunes et des framboises blanches; elles sont très-bonnes à manger; on en fait des sirops, des gelées et des glaces.

— On trouve dans les champs et les bois la *ronce*, dont les longs sarments sont garnies d'aiguillons et dont les fruits noirs ressemblent beaucoup à la framboise. On appelle ces fruits *mûres sauvages*.

Voilà des fraises. La plante qui porte les fraises est appelé fraisier. Il y a des fraisiers sauvages et des fraisiers cultivés. Le fraisier des bois produit les meilleures fraises. Les fraises sont des fruits délicieux; elles ont un goût très-agréable et répandent une odeur très-fine. Il y a un grand nombre d'espèces de fraises: les unes sont grandes, les autres petites, les unes rouges, les autres vertes ou blanchâtres; on en fait des gelées délicates. Les fraisiers fleurissent au printemps et portent des fleurs blanches.

Voilà des groseilles vertes. Les groseilles vertes viennent sur un buisson (ou arbrisseau) épineux, qui croît sauvage, et qu'on cultive dans les jardins. Les groseilles vertes sont très-bonnes et renferment une grande quantité de graines. Il y en a une espèce à fruits rouges. On appelle aussi ces groseilles (vertes et rouges) *gadèles*.

Voilà des groseilles rouges. Le groseillier qui porte ces fruits est un arbrisseau sans aiguillons. Les groseilles rouges sont attachées en grand nombre à une seule queue et forment des grappes. Il y a aussi des groseilles noires qu'on appelle *cassis*. Le cassis a une odeur forte. Les feuilles du cassis répandent la même odeur. Il y en a aussi une espèce blanche. Toutes les espèces de groseilles sont bonnes à manger ; on en fait des sirops, des gelées. Les groseilles mûrissent au mois de juin et de juillet.

Nommez encore d'autres fruits qu'on cultive dans les jardins.

Le mûrier noir et le mûrier blanc produisent des mûres noires et des mûres blanches qui sont très-bonnes à manger. Les feuilles du mûrier servent à nourrir les vers à soie.

Le figuier est un arbrisseau qui produit des fruits appelés figues. Les figues sont très-bonnes à manger ; on les sèche aussi pour les conserver longtemps. Dans les pays chauds, les figuiers sont de grands arbres et leurs fruits sont beaucoup meilleurs que ceux qui viennent dans nos contrées. Les oranges et les citrons sont des fruits qui viennent dans les pays chauds.

Quand un arbre ne fleurit pas ou que les fleurs tombent, cet arbre ne produit pas de fruits. Les chenilles mangent souvent les feuilles et les fleurs des arbres, alors il n'y a pas de fruits. Les oiseaux dévorent les chenilles ; il ne faut donc point dénicher les oiseaux.

## 114ᵉ EXERCICE (tableau n° 44).

*Fruits bacciformes et plantes grimpantes.*

Voici du houblon. Le houblon est une plante grimpante ou sarmenteuse, à feuilles rudes. Voici les fleurs du houblon. Ces fleurs sont des chatons écailleux qui répandent une odeur agréable et forte. On les emploie dans la fabrication de la bière. Les champs où l'on cultive le houblon, sont appelés houblonnières. A côté de chaque pied de houblon on plante une longue perche; les sarments du houblon grimpent le long de cette perche et s'y attachent. On cueille le houblon à la fin de l'été, et on sèche les fleurs à l'ombre; ensuite on les met dans de grands sacs et on les vend aux brasseurs.

Voilà trois raisins; il y en a un vert, un rouge et un bleu. Le raisin est un fruit délicieux. L'arbrisseau qui porte le raisin, est appelé vigne. La vigne est un arbrisseau sarmenteux. La vigne s'attache aux arbres, aux buissons et aux pieux au moyen de vrilles. A côté de chaque pied de vigne, on plante un pieu, appelé échalas. On plante le plus souvent les vignes sur les collines et les montagnes. Un vignoble est une colline plantée de vignes. Les sarments de la vigne sont noueux (nœuds); les feuilles grandes, larges, découpées ou échancrées. L'homme qui cultive les vignes s'appelle *vigneron*. La vigne fleurit au mois de juin; les fleurs de la vigne sont jaunâtres et répandent une odeur délicieuse. Quand la fleur est passée, il se montre de petites grappes. Chaque grappe porte un certain nombre de grains ou de baies rondes; chaque baie renferme trois ou quatre graines. Les raisins mûrissent en automne. L'époque où l'on coupe les raisins est appelée la *vendange*. Les vendangeurs et les vendangeuses sont les hommes et les femmes qui coupent les raisins. On mange une grande quantité de raisins, mais la plupart des raisins sont écrasés pour en faire du vin. On écrase les raisins dans le *pressoir*. Le vin doux est appelé *moût*. Quand le moût fermente, il se change en vin. Le vin est une boisson spiritueuse. Quand on boit trop de vin, on tombe malade. Il y a un grand nombre d'espèces de raisin : le chasselas, le muscat, le morillon hâtif qui mûrit déjà au mois de juillet ou d'août. On conserve le vin dans des tonneaux. Des marcs du raisin on fait de l'eau-de-vie.

115ᵉ EXERCICE (tableau n° 45).

*Fruits charnus.*

Voilà un pied de citrouille. La citrouille est une plante rampante, elle a de larges feuilles échancrées, une tige grosse et rude, de grandes fleurs jaunes; elle a des vrilles comme la vigne ; avec ces vrilles la citrouille s'attache aux arbres, aux haies, aux murs. Les citrouilles (ou courges) sont des fruits énormes ; elles sont rondes ou allongées et renferment un grand nombre de graines dont on peut extraire de l'huile. On donne les citrouilles à manger aux vaches et aux cochons; mais on peut aussi en faire une espèce de bouillie qui est bonne à manger.

Voilà un pied de concombre. Le concombre ressemble beaucoup à la citrouille, mais ses fruits sont plus petits et de forme allongée. Les petits concombres confits dans le vinaigre, portent le nom de cornichons. On mange les cornichons avec le bœuf. Les concombres se mangent le plus souvent en salade. On les pèle, on les coupe en tranches minces avec un rabot à concombres, ensuite on les assaisonne avec du sel, du poivre, du vinaigre et de l'huile.

Le melon est une espèce de concombre. Les melons sont doux et rafraîchissants; ils sont de forme ronde; leur chair est succulente et tendre.

*Plantes potagères* (tableau n° 46).

Voilà le chou vert; voilà le chou pommé blanc. Le chou a une tige courte et épaisse, de grandes et larges feuilles, à côtes épaisses. Il y a des choux pommés, des choux frisés et même des choux pommés frisés. On plante les choux dans les champs et les jardins; on les mange en légume. On peut aussi en faire de la choucroute. Pour faire de la choucroute, on coupe les têtes de chou en lanières, avec un grand rabot; on met dans une tonne, on y jette beaucoup de sel et de l'eau, ensuite on place dessus des pierres lourdes ou des poids. La choucroute est bonne et se conserve longtemps. Il y a aussi une espèce de chou rouge qu'on mange en salade.

Voilà un chou col-rave (tabl. n° 47). La tige du chou col-rave (ou chou-rave) est surmontée d'une tête ronde. Les feuilles sont implantées dans cette tête, qu'on peut manger.

Le chou-fleur produit des fleurs qu'on peut manger et qui sont très-délicates. Le colza et la navette produisent des graines oléagineuses (dont on retire de l'huile).

Toutes ces plantes et d'autres encore, comme la carotte, le navet, le céleri, le poireau ou porreau sont appelées plantes potagères, parce qu'on les cultive dans le potager, pour les besoins de la cuisine.

116ᵉ EXERCICE (tableau n° 46).

Voici une carotte. La carotte est une excellente plante potagère; on en fait des légumes et toutes sortes de plats; les animaux domestiques aiment aussi à manger la carotte, parce qu'elle est succulente et douce. Les vaches qu'on nourrit de carottes donnent un excellent lait. Les feuilles ou les fanes de la carotte forment aussi un excellent fourrage pour les vaches; ces feuilles sont en forme de panaches.

Il y a des carottes blanches, des jaunes et des rouges. La carotte demande une terre meuble, bien fumée et bien cultivée.

Voilà un navet. Le navet est de forme conique comme la carotte, il a des feuilles grandes et rudes. On le cultive dans les champs pour en nourrir les bestiaux; mais on peut aussi manger le navet en légume. Le navet salé est bon à manger aussi, on le prépare à peu près comme la choucroute. Quand les vaches mangent des navets ou des feuilles de navet, leur lait prend une saveur désagréable.

(Tableau n° 47.)

Voilà une betterave. La betterave est rouge, on la donne à manger aux bestiaux. Il y a une espèce de betterave dont on fait du sucre. Il y a une autre espèce de betterave très-rouge qu'on cuit et qu'on confit dans le vinaigre pour la manger avec le bœuf bouilli.

Voilà un oignon. L'oignon est arrondi et aplati, il est couvert de plusieurs couches d'une peau mince. La chair de l'oignon est disposée par couches; l'oignon a un goût âcre. On emploie l'oignon pour assaisonner les aliments; on en fait aussi de la farce.

Le poireau et la ciboulette sont une espèce d'oignon.

L'ail est aussi une espèce d'oignon; le bulbe de l'ail se compose de plusieurs *caïeux*, réunis sous une même enveloppe. L'ail sert d'assaisonnement; il répand une odeur forte et désagréable.

Voilà du céleri. Le céleri a beaucoup de racines; on le cultive dans les jardins et on emploie ses feuilles comme assaisonnement. On peut aussi manger la racine cuite.

Nommez d'autres plantes qu'on emploie comme assaisonnement? — Le persil, le cerfeuil, la bourrache, l'estragon.

(Tableau n° 48.)

Voilà un radis. Voilà la fleur du radis; cette fleur est petite et bleue. Voilà la semence du radis; cette semence est contenue dans des gousses (ou cosses ou siliques). On cultive les radis dans les jardins; on les mange en salade; ils ont une saveur piquante et excitent l'appétit. Il y a plusieurs espèces de radis, les uns sont rouges, les autres roses, d'autres blancs, d'autres gris. Il y en a une grosse espèce qu'on appelle *rave*.

**Répétition.**

117ᵉ EXERCICE (tableau n° 48).
*Plantes économiques.*

Voici une pomme de terre; voici la tige ou la fane de la pomme de terre; voici la fleur de la pomme de terre; voici le fruit de la pomme de terre. Les fleurs de la pomme de terre sont blanches, roses ou bleuâtres, avec un cône jaune au milieu. Le fruit est rond, vert, et renferme des graines qui sont la semence de la plante. Au bout des racines se forment de gros tubercules qu'on nomme pommes de terre.

La pomme de terre est une des plantes les plus précieuses qu'on cultive dans les champs; c'est le pain des pauvres. Quand la pomme de terre est cuite, elle renferme une farine délicieuse. On la mange préparée de mille façons : simplement cuite dans un peu d'eau, coupée en tranches, en bouillie, en boulettes, en sauce, en purée. On peut même en faire du pain. Il y a un grand nombre d'espèces de pommes de terre; les unes sont rouges, les autres jaunes, les autres bleues; il y en a qui sont rondes, d'autres allongées en forme de rognon. On plante les pommes de terre au mois de mars et d'avril, et on les récolte en automne. Il y a une espèce hâtive qui est déjà mûre au mois de juillet. On emploie la pomme de terre pour engraisser les animaux.

(Tableau n° 49.)
*Plantes légumineuses.*

Voilà des fèves de marais (ou féveroles). Voici les fleurs de la fève des marais; ces fleurs sont blanches, roses et noires; la tige est forte; les cosses sont noires.

Dans chaque cosse il y a quatre ou cinq grosses fèves dont on nourrit les chevaux, les cochons.

Voici des pois; la fleur est bleue, rouge et blanche, les tiges sont rampantes, les cosses sont plus petites que celles de la féverole. Les pois sont ronds et bons à manger; on les donne aussi aux bestiaux. Souvent on plante à côté des pieds de pois des bâtons et des branchages, alors les pois s'y attachent. Il y a aussi une espèce de pois qu'on mange verts, on les appelle des *petits-pois*.

Voici des fèves; la fleur de la fève est rouge, les feuilles ont la forme d'un cœur, les cosses sont longues et larges. Les graines de la fève sont grandes. On mange les fèves; on en fait d'excellentes purées; on peut aussi en nourrir le bétail; on en fait une farine grossière.

Le *haricot* ressemble beaucoup à la fève; il a des cosses longues et étroites qu'on peut manger vertes. Il y a le haricot blanc, le haricot à grains rouges, à grains violets, le haricot sabre.

La *lentille* a des graines rousses, rondes et bombées elle est bonne à manger; ses gousses sont petites.

### 118ᵉ EXERCICE (tableau n° 50).

#### *Plantes économiques.*

Voilà de la bourrache; elle a de belles fleurs bleues, sa tige et ses feuilles sont couvertes de poils rudes. La bourrache croît dans les jardins; ses fleurs servent à orner la salade; ses feuilles, hachées menues et arrosées d'huile et de vinaigre, servent d'assaisonnement au bœuf bouilli. On emploie aussi la bourrache en médecine.

Voilà l'asperge. C'est une jolie plante, au feuillage très-fin, qui prend la forme d'un arbrisseau portant des baies rouges. On plante l'asperge dans les jardins et on en mange les jeunes pousses qui sont très-tendres et fort bonnes.

Voici la molène (ou bouillon blanc). On trouve cette plante dans les lieux incultes, sur les bords des chemins; ses feuilles sont cotonneuses, toutes couvertes de poils des deux côtés; les fleurs sont d'un beau jaune; elles sont serrées les unes contre les autres et forment un bel épis. On emploie la molène en pharmacie.

Voilà la civette (l'ail civette, la ciboulette, le porgeon). Voici la fleur de la civette; cette fleur forme un pompon composé d'un grand nombre de petites fleurs; on cultive la civette dans le jardin et dans des pots; elle sert d'assaisonnement; on la mange surtout avec le fromage blanc, avec le bœuf bouilli.

Voilà le chardon à bonnetier (ou à foulon), le cardère; c'est une plante qu'on cultive dans beaucoup de contrées pour l'usage des fabricants de bonneterie et de drap; sa tige est assez élevée et garnie d'aiguillons; les écailles qui garnissent la tête ou capsule sont terminées par des crochets avec lesquels on peigne les tissus. — Il y a aussi le cardère sauvage qui croît dans les lieux incultes.

(Tableau n° 51.)

Voici une fleur et une capsule de pavot. Le pavot est une plante oléagineuse qu'on cultive à cause de ses graines, dont on retire une très-bonne huile, appelée *huile d'œillette*. Il y a un grand nombre d'espèces de pavot, à fleurs simples, à fleurs doubles, à fleurs rouges, blanches, roses. On cultive le pavot dans les jardins comme plante d'ornement. Le pavot des champs a des fleurs simples, roses ou blanches; quand la fleur est passée, il se montre une capsule qui renferme les graines; cette capsule est terminée par une espèce de roue dentée fort jolie. Quand le pavot est mûr, on l'arrache, on le rentre et on ouvre les capsules pour retirer la semence. Les coques qui proviennent des capsules sont employées en pharmacie; elles font dormir.

On trouve encore dans les champs le *pavot coquelicot*, dont les fleurs sont d'un rouge vif; on les emploie en pharmacie.

Voici la fleur de la laitue; cette fleur est petite et produit la semence. — Voici la fleur de l'endive; c'est une belle fleur bleue qui a la forme d'une rosette. On mange l'endive en salade, ainsi que la laitue; pour en rendre les feuilles bien tendres, on les lie sur pied, afin de les faire blanchir.

Nommez d'autres plantes qu'on mange en salade? — Le cresson, la doucette (la mâche ou valérianelle), le pissenlit.

Pour faire une salade, on prend les feuilles les plus tendres, on les coupe, on les lave proprement, on les fait égoutter, ensuite on les arrose d'huile et de vinaigre; on y mêle du sel, du poivre, de l'ail, de l'estragon, de la bourrache et on mélange bien avec une cuiller et une fourchette en bois. On fait aussi des salades aux pommes de terre, avec des tranches de pommes de terre, de l'huile, du vinaigre, du persil, de l'oignon, de l'ail.

119ᵉ EXERCICE (tableau n° 51).

*Plantes économiques* (Suite).

Voici du chanvre. Le chanvre est une plante très-utile, qu'on cultive pour en retirer de la filasse. Voilà un pied mâle, voilà un pied femelle. Le pied femelle porte plus de feuilles que le pied mâle; le pied femelle porte aussi les graines ou la semence, qu'on appelle *chènevis*. Les feuilles du chanvre sont peu larges, dentelées et répandent une odeur très-forte. Les tiges du chanvre sont droites, hautes et creuses. Les tiges les plus fines et les plus longues donnent la meilleure filasse. On sème le chènevis au mois de mai dans les meilleures terres, parfaitement fumées. Le chanvre mûrit au mois de septembre, alors on le coupe, on l'étend par terre ou dans un pré, pour l'exposer à l'action du soleil et de la rosée. C'est ce qu'on appelle faire rouir le chanvre. On peut aussi le faire rouir dans l'eau. Le chanvre mis dans l'eau fait périr les poissons. Quand le chanvre est roui, on le *teille*[1] ou on le maque, avec un instrument en bois nommé *maque* ou *broie*. En maquant le chanvre, la tille se détache de la chènevotte. Quelquefois avant de maquer le chanvre, on le sèche au feu, autour d'un grand trou appelé *haloir*.

Quand le chanvre est maqué, on le porte au moulin pour le faire *fouler;* ensuite on sérance le chanvre avec une espèce de peigne appelé *séran;* enfin les femmes filent le chanvre et le tisserand en fait de la toile, ou bien les cordiers en font des ficelles et des

---

1. Teiller signifie : détacher les filaments de chanvre avec la main.

cordes. — Quand on sérance (peigne) le chanvre, on obtient deux qualités de chanvre, la plus longue donne de la toile fine; la plus courte fournit une toile plus grossière; enfin l'*étoupe* donne de la toile très-grossière et de la toile d'emballage. — Le chènevis donne de l'huile et sert de nourriture aux oiseaux et aux volailles.

(Tableau n° 52.)

Le *lin* fournit une filasse plus fine que le chanvre; on en fait des toiles fines, des étoffes diverses, des dentelles. La semence de lin donne une bonne huile qu'emploient souvent les peintres; on emploie aussi la graine de lin en pharmacie. Le lin porte de jolies fleurs bleues et sa semence est contenue dans des capsules. Pour obtenir cette semence, on passe le lin à travers un gros peigne en bois; les capsules tombent, on les écrase et on en retire les graines. — Il faut faire rouir le lin comme le chanvre, ensuite on le maque, on le foule, on le sérance et on le file.

Voilà la moutarde ou le sénevé. On cultive cette plante pour ses graines, dont on retire une farine huileuse qui sert à préparer la moutarde, assaisonnement qu'on mange avec les viandes. La moutarde a des feuilles larges et rudes, des fleurs jaunes, et sa graine est contenue dans des *siliques*.

La farine de moutarde est employée en médecine pour en faire des sinapismes; on en met aussi parfois dans les bains de pieds.

Voici la scorsonère (ou salsifis noir); cette plante a des feuilles longues et étroites, une tige grêle et des fleurs jaunes. On cultive la scorsonère pour ses racines, qui sont tendres et bonnes à manger.

**Répétition.**

120ᵉ EXERCICE (tableau n° 52).

*Plantes économiques* (Suite).

Voici le colza. Le colza est une plante oléagineuse; elle a de larges feuilles, des fleurs jaunes et porte des siliques, qui renferment des graines. Ces graines sont petites, rondes, noires ou violettes, et donnent beaucoup d'huile. Il y a deux espèces de colza, le colza d'hiver et le colza d'été. On sème le colza d'hiver au mois de juillet ou d'août; le colza d'été se sème au printemps. On écrase les graines de colza dans les huileries avec de grosses meules, et on exprime l'huile au moyen de presses puissantes; on obtient alors des espèces de gâteaux qu'on appelle *tourteaux*. Avec les tourteaux on fait d'excellentes soupes qu'on donne aux vaches et aux cochons. — Il y a aussi des tourteaux qui se font avec des graines de pavot.

*Plantes fourragères* (tableau n° 53).

Voici du lupin ou de l'esparcette; c'est une bonne plante fourragère; elle présente un bel épi de fleurs roses; il y en a aussi une espèce qui a des fleurs jaunes.

Voici de la vesce; la vesce est aussi une plante fourragère, on la donne à manger en vert aux bestiaux; souvent on la sème dans l'orge. La vesce porte des siliques noires qui renferment les graines; les pigeons aiment beaucoup ces graines. La vesce est grimpante, elle porte des vrilles et aime à s'attacher aux autres plantes qui croissent dans son voisinage. Il y a aussi de la vesce sauvage.

Voilà de la luzerne. La luzerne porte des épis de fleurs violettes et des fruits contournés en tire-bouchon. C'est un excellent fourrage. Un champ ensemencé de luzerne est appelé une luzernière. Une luzernière peut durer six, huit et même dix ans. La luzerne pousse des racines très-longues et épaisses. Quand on coupe la luzerne, elle repousse, et quelque temps après on peut de nouveau la couper. On sèche quelquefois aussi la luzerne et on la donne alors aux bestiaux en guise de foin.

Voilà le trèfle rouge. C'est un excellent fourrage; il a des fleurs d'un rouge pourpre, réunies en une tête ovale. Ce trèfle est un des premiers fourrages du printemps; on peut le couper plusieurs fois, car il repousse facilement. On le sèche souvent; le trèfle séché est un excellent fourrage. Il ne faut pas donner trop de trèfle aux bestiaux, surtout quand il est mouillé, sans cela il gonfle les animaux et les fait périr. On sème ordinairement le trèfle dans les champs de blé.

On connaît différentes espèces de trèfles: le trèfle incarnat, le trèfle rampant ou petit trèfle blanc, qu'on trouve dans les prés et que les moutons aiment beaucoup.

121ᵉ EXERCICE (tableau n° 54).

*Espèces de blé.*

Voici l'avoine. L'avoine n'a point d'épis comme les autres espèces de blé; chaque tige se termine par des panicules à épillets (partie de l'épi) pendants. L'avoine sert à la nourriture des chevaux et des oiseaux de basse-cour. La paille d'avoine sert de litière et de fourrage; avec ses balles on fait des paillasses très-douces pour les enfants.

Voici l'épeautre. L'épeautre est une espèce de froment qui donne une farine très-blanche; la balle de l'épeautre tient fortement au grain.

Voilà le *blé trémois* ou froment de mars. On connaît différentes espèces de froment de mars: 1° le froment de mars à épis blancs, sans barbe; 2° le froment de mars à épis blancs, barbus; 3° le froment de mars à épis roux, sans barbe. — C'est une espèce de blé blanc barbu qui donne la paille fine dont on fait les chapeaux de paille.

Voici la petite épeautre (en grain, froment locular). Ce blé réussit dans les terrains pauvres; la balle tient fortement au grain; l'épi est barbu.

Voici le seigle. Les épis du seigle sont plus grêles et plus allongés que les épis du froment; les grains sont moins gros; l'épi est toujours barbu. La paille de seigle est plus longue que la paille de froment; elle est aussi plus tendre; on en fait des nattes, des liens; on en remplit les paillasses; on en garnit les chaises. — La farine de seigle est moins belle que la farine de froment; les pauvres gens et les habitants des contrées montagneuses mangent du pain de seigle.

Voici un épi d'orge. L'orge a des tiges moins élevées que le froment et sa balle tient fortement au grain; les épis de l'orge sont barbus. L'orge donne un pain grossier et lourd. Les brasseurs emploient l'orge pour faire le *malt* dont on fabrique la bière. Avec l'orge cuite et la racine de réglisse on prépare une tisane rafraîchissante.

Il y a une espèce d'orge qu'on appelle *orge d'hiver*, qui mûrit déjà au mois de juin.

Avec l'*orge mondé* (dépouillé de son écorce) on fait différents potages. L'*orge perlé* est de l'orge mondé qu'on a arrondi par le frottement.

Voici l'orge à six rangs (orge hexastique).

Voici le blé barbu : cette espèce de blé produit des épis très-gros et barbus.

Vient enfin le froment ordinaire, ou blé, dont on connaît plusieurs espèces :

1° Le froment d'hiver à épis blancs, sans barbe, ou blé blanc d'hiver ;

2° Le froment d'hiver à épis roux, sans barbe, ou blé rouge ;

3° Le froment d'hiver barbu, à épis blancs, ou blé blanc barbu.

4° Le froment rouge barbu.

Le *méteil* est un mélange de froment et de seigle.

Toutes ces plantes produisent de la farine et ont été appelées *céréales*; le riz, le maïs et le millet sont aussi des céréales. La tige des céréales est entrecoupée de nœuds, les feuilles sont longues et étroites.

Le blé mûrit au mois de juillet ou d'août ; il devient alors jaune ou blanc. Quand le blé est mûr, on le coupe avec des faucilles, on l'étend en *andains* ou *javelles*; un ou deux jours après on lie le blé en gerbes, on le charge sur un char à ridelles et on le conduit dans la grange. Les moissonneurs et les moissonneuses sont les hommes et les femmes qui coupent le blé et le lient en gerbes.

## 122ᵉ EXERCICE.

L'époque où l'on coupe le blé se nomme *la moisson*. La moisson a lieu au mois de juillet ou d'août. Pendant la moisson il fait très-chaud. Les moissonneurs et les moissonneuses portent des chapeaux de paille; ils travaillent en manches de chemise, ils ont très-chaud et se fatiguent beaucoup. Les pauvres gens qui n'ont pas de blé à couper, travaillent aux récoltes comme journaliers, ou bien ils vont *glaner* dans les champs de blé. Glaner, cela veut dire ramasser les épis perdus.

En automne ou en hiver les batteurs en grange battent le blé; ils se servent de *fléaux*. Le fléau se compose d'une verge et d'un battant; le battant est attaché à la verge avec une courroie.

Quand le blé est battu, on le nettoie. Pour nettoyer le blé on se sert de *cribles*, d'un *van* et d'un *tarare*. On lie la paille en bottes, et on met les balles dans un lieu sec. Les bestiaux mangent la balle. On mêle la balle de blé avec des carottes, des pommes de terre et des navets ou des betteraves.

Quand le blé est nettoyé, on le porte au grenier et on l'étend en couches. Quand on a besoin de farine, on conduit du blé au moulin. Le meunier moud le grain et en fait de la farine et du son. On donne le son à manger aux bestiaux. La farine donne du pain.

— Le cultivateur vend aussi une partie de son blé; il le met en sacs et le conduit au marché aux grains. L'hectolitre de bon blé coûte, selon les circonstances, 15, 18, 20, 30 francs et plus encore. Quand il y a beaucoup de blé, il se vend à bon marché, à bas prix; quand le blé ne réussit pas, il se vend cher, à prix élevé.

(Tableau n° 55.)

Voilà du maïs ou blé de Turquie. Le maïs est aussi une céréale. Les tiges de maïs sont très-élevées et ses feuilles sont très-longues. Au haut de la tige il y a une panicule de fleurs pendantes. Chaque tige porte plusieurs épis très-gros; ces épis sont enveloppés de plusieurs couches de feuilles, et au bout de chaque épis sortent des fils longs et minces, comme des fils de soie. Les grains du maïs sont aplatis, jaunes ou roux, et disposés en lignes serrées.

La farine du maïs est jaune et douce; on la mêle quelquefois à la farine de froment. Le maïs donne aussi un gruau fort bon, dont on fait des bouillies, des galettes, des gâteaux. Les volailles et les cochons aiment beaucoup le maïs. Le maïs mûrit au mois de septembre ou d'octobre; on le sème au mois d'avril ou de mai. Les vaches et les moutons mangent les tiges de maïs; les feuilles servent à remplir les paillasses.

**Répétition.**

123ᵉ EXERCICE (tableau n° 56).

*Arbres et arbrisseaux.*

Voilà un cognassier. Le cognassier est un arbre fruitier; ses fruits sont appelés coings. Les coings sont des fruits à pepins. Il y a des coings-pommes et des coings-poires. On ne peut manger les coings que quand ils ont été pendant quelque temps étendus sur la paille; on en fait des gelées, des compotes.

Voilà un cep de vigne. Voilà trois échalas; les sarments de la vigne sont attachés aux échalas.

Voilà des raisins; ces raisins sont noirs; ils sont mûrs. Dites ce que vous savez sur les raisins, sur le vin, les vendanges. Au mois de novembre les feuilles de vigne jaunissent et tombent. On taille la vigne au mois de mars ou d'avril; on coupe les sarments superflus avec une serpette. L'homme qui soigne la vigne est appelé vigneron. On n'attache pas toujours les sarments de vigne à des échalas; souvent on établit des *treilles*.

(Tableau n° 57.)

Voilà un pommier. Ce pommier est chargé de pommes; ses branches s'inclinent vers la terre. Beaucoup de pommes sont tombées. Les pommes tombent quand elles sont malades, quand elles sont mûres, quand il fait beaucoup de vent, quand on secoue fortement les branches. Que fait-on des pommes? Comment fait-on le cidre? A quoi sert le bois du pommier? Quand les feuilles du pommier tombent-elles?

Voilà un poirier. Ce poirier ne porte point de fruits; on a déjà cueilli les poires. Quand les poires sont très-mûres elles deviennent molles et blettes. On sèche les pommes et les poires au soleil ou au four. Les poires sèches sont excellentes; on en fait des mets délicieux.

(Tableau n° 58.)

Voilà un noyer. Les fruits du noyer s'appellent des noix. Le noyer est un grand et bel arbre; il pousse des racines longues et fortes. Le bois de noyer est compacte et pesant; c'est le meilleur bois pour faire toutes sortes de meubles. Le bois de noyer est veiné. Les feuilles du noyer répandent une odeur très-forte.

(Tableau n° 60.)

Les noix sont entourées d'une écale verte qu'on appelle *brou de noix*. Le brou de noix est très-amer, on le confit dans l'eau-de-vie. On mange les noix fraîches et sèches. On en tire aussi une excellente huile. La coquille des noix est très-dure; elle se compose de deux pièces fortement attachées l'une à l'autre. L'amande est renfermée dans la coquille. — Il y a plusieurs espèces de noyers : le noyer à coque tendre, le noyer à gros fruits.

Nommez encore quelques autres arbres fruitiers? — Le *noisetier* produit les noisettes. C'est un grand arbrisseau qui croît dans la forêt et qu'on cultive aussi dans les jardins. Le noisetier est aussi appelé *coudrier*.

Le *châtaignier* est un bel arbre qui croît dans les contrées montagneuses; il produit les *châtaignes*, qui sont d'excellents fruits. Avant leur maturité les châtaignes sont entourées d'une capsule verte garnie de piquants; quand les fruits sont mûrs cette capsule s'ouvre et les châtaignes tombent. On mange les châtaignes cuites à l'eau ou grillées; on en fait de la farce. — Il y a une espèce de châtaigne, appelée marron d'Inde, qu'on ne peut pas manger. On le donne aux moutons et aux cochons.

(Tableau n° 60.)

Voilà des nèfles. L'arbrisseau qui porte les nèfles

est appelé néflier; c'est un arbrisseau tortueux qu'on cultive dans les jardins, mais qui croît aussi dans les bois. On ne peut manger les nèfles que quand elles sont blettes. On en fait des confitures, des gelées.

124ᵉ EXERCICE (tableau n° 58).

## Arbres forestiers.

Voilà un peuplier. Le peuplier est un arbre qui peut atteindre une hauteur considérable; ses branches restent petites et faibles, et elles ne s'étendent pas beaucoup, elles se rapprochent du tronc. Le bois de peuplier est tendre et ne peut pas servir à la construction. On en fait des planches pour caisses, des sabots.

Voilà un *sapin*. Le tronc du sapin est droit et élevé, son écorce est unie, ses branches s'étendent horizontalement et s'inclinent vers la terre; ses feuilles sont très-étroites, pointues et ressemblent à des aiguilles. Le sapin produit des fruits appelés *pommes de pin;* elles renferment la semence de l'arbre. Le sapin est toujours vert, il ne perd jamais son feuillage; dès qu'une feuille tombe, une autre la remplace. Le sapin fournit de la résine dont on fait l'huile de térébenthine.

Le *pin* ressemble un peu au sapin, son tronc est aussi droit et haut; mais son écorce est plus rude et ses branches sont plus longues et plus fortes. Les branches du pin ne s'inclinent pas non plus vers la terre comme celles du sapin. Le pin porte aussi des feuilles en forme d'aiguilles; mais ces feuilles sont placées tout autour des rameaux, tandis que les feuilles du sapin sont placées sur les deux côtés des rameaux. Le pin porte des fruits plus petits que le sapin. Le pin produit beaucoup de résine; on en fait de la poix, de la colophane, de la térébenthine.

Le sapin fournit des poutres très-longues pour la construction des maisons et de belles planches; le bois de pin est moins propre à la construction, mais on en fait aussi des planches.

Le *chêne* est un des plus beaux arbres de la forêt; son tronc est épais et haut, son écorce rude, ses branches sont longues et fortes, ses feuilles échancrées. Les fruits du chêne sont appelés *glands*; on en nourrit les cochons; on en fait aussi une espèce de café pour les enfants malades. L'écorce de chêne fournit le *tan* qu'emploient les tanneurs pour tanner les peaux. Le bois de chêne est dur et solide; on en fait des poutres, des pieux, des piliers pour les ponts.

Le *hêtre* nous fournit un excellent bois de chauffage; son écorce est unie et lisse; il porte des fruits appelés *faînes*. Les faînes donnent une excellente huile.

Le *charme* a le bois plus dur encore que le hêtre; c'est le meilleur bois qui existe; on en fait des vis, des manches d'outils, des maillets.

Le *bouleau* a l'écorce blanche et le bois tendre; ses branches sont assez faibles. Des rameaux de bouleau on fait des balais; son écorce sert à fabriquer des tabatières et des chalumeaux. Les charrons emploient beaucoup le bouleau; on en fait aussi des sabots.

L'*aulne* (ou aune) nous fournit un bois léger, mais qui se conserve bien dans l'eau et les lieux humides.

Il y a encore le saule, le tremble, le tilleul, l'ormeau ou l'orme, le platane, l'acacia, le frêne.

## 125ᵉ EXERCICE (tableau n° 59).

Voici la fleur de pêche; cette fleur est rose. La fleur de poire est blanche. La fleur de pomme est blanche et rouge. La fleur d'abricot est blanche. La fleur de genêt est jaune.

Toutes ces fleurs se montrent au printemps; les arbres sont alors très-beaux et répandent une odeur agréable, un parfum. Le froid fait souvent périr les fleurs des arbres; alors il n'y a pas de fruits.

Regardez bien la fleur du poirier; chaque fleur est portée par une longue queue ou *pédoncule,* alors il y a cinq feuilles blanches qui forment la *corolle.* Au milieu de la corolle il y a des espèces de *fils* qu'on appelle les *étamines.* Montrez les étamines de la fleur du poirier, du pommier, de l'abricotier.

Voici la fleur du sureau. Cette fleur est blanche et répand une odeur délicieuse; on en fait une tisane qui fait transpirer les malades. Le sureau croît dans les haies; quand la fleur est passée, il se montre des baies noires.

Le genêt est un arbrisseau qui croît dans la forêt, dans les terrains incultes et sablonneux; on en fait des balais.

Dans quelle saison les arbres fleurissent-ils? — Les arbres fleurissent au printemps. Nommez un arbre qui fleurit un des premiers? — Le cerisier est un des premiers arbres qui se couvrent de fleurs au printemps. — Avez-vous vu les fleurs du noyer? — Les fleurs du noyer sont des espèces de chatons. Le saule a aussi des chatons, ainsi que le noisetier, le pin.

La fleur du tilleul forme une excellente tisane. On cueille les fleurs de tilleul et on les sèche à l'ombre. Pour préparer la tisane, on prend de l'eau bouillante, on la verse sur des fleurs de tilleul séchées et on laisse reposer un instant; alors on filtre la tisane et on y met un morceau de sucre.

Quelle est l'utilité des arbres en général? — Les arbres nous procurent de l'ombre en été et du bois pour nous chauffer en hiver; leurs feuilles servent de litière aux bestiaux; leurs fleurs réjouissent nos yeux et répandent une odeur agréable; leurs fruits servent à nourrir les hommes et les animaux; certaines fleurs nous fournissent de bonnes tisanes. L'écorce est-elle utile aussi? — Brûle-t-on tout le bois que nous fournissent les arbres?

Nommez des animaux nuisibles aux arbres? — Ce sont les chenilles; elles dévorent les feuilles et les fleurs.

Comment fait-on pour monter sur les arbres? — On peut y monter en grimpant ou bien on peut se servir d'une échelle. — Nommez-moi des animaux qui peuvent grimper sur les arbres? — Le chat, l'écureuil, la martre; certains oiseaux comme le pic, le grimpereau, le torcol, la mésange.

Les vieux arbres sont ordinairement creux. Tous les vieux saules sont creux. Quand les arbres sont creux ils se déssèchent et périssent; mais le saule continue à pousser des branches et des feuilles.

Il ne faut pas se mettre à l'abri sous un arbre pendant l'orage, car la foudre tombe très-souvent sur les arbres.

**Répétition.**

# TABLE DES MATIÈRES.

|  | Pages. |
|---|---|
| Préface. | 3 |
| Introduction | 5 |
| Chapitre premier. Intuition matérielle, directe ou immédiate | 29 |
| 1ᵉʳ Exercice. Parties du corps | 29 |
| 2ᵉ — idem | 29 |
| 3ᵉ — idem | 29 |
| 4ᵉ — Objets d'habillement | 30 |
| 5ᵉ — Les doigts de la main | 30 |
| 6ᵉ — Objets de la salle d'école | 30 |
| 7ᵉ — Qualificatifs: gauche, droit | 31 |
| 8ᵉ — Nombre des objets | 31 |
| 9ᵉ — Forme des objets: carré, rond | 32 |
| 10ᵉ — — cylindrique, pointu | 32 |
| 11ᵉ — — épais, mince | 33 |
| 12ᵉ — — long, court | 34 |
| 13ᵉ — — lourd, léger | 34 |
| 14ᵉ — — grand, petit | 35 |
| 15ᵉ — Couleur des objets: blanc, noir, rouge | 36 |
| 16ᵉ — — vert, jaune, bleu | 36 |
| 17ᵉ — Mouvements divers | 37 |
| 18ᵉ — idem | 37 |
| 19ᵉ — Matières dont sont faits les objets: bois, fer | 38 |
| 20ᵉ — — verre, cuir, fer-blanc | 38 |
| 21ᵉ — — papier, carton, corne | 39 |
| 22ᵉ — — chanvre, coton, laine | 40 |
| 23ᵉ — — cuivre, acier | 40 |
| 24ᵉ — . . . | 41 |
| 25ᵉ — . . . | 42 |
| 26ᵉ — Dur, mou; propre, malpropre, sale | 42 |
| 27ᵉ — Rude, poli; tranchant, flexible | 43 |
| 28ᵉ — Fendu, cassé, déchiré | 44 |
| 29ᵉ — Creux, droit, courbé, plein, vide | 45 |
| 30ᵉ — Mobile, liquide, neuf, vieux | 46 |
| 31ᵉ — . . . | 47 |

|  |  | Pages. |
|---|---|---|
| 32ᵉ Exercice. | | 48 |
| 33ᵉ — | Parties des objets et usage des objets. | 49 |
| 34ᵉ — | | 49 |
| 35ᵉ — | | 50 |
| 36ᵉ — | | 51 |
| 37ᵉ — | | 52 |
| 38ᵉ — | | 53 |
| 39ᵉ — | | 55 |
| 40ᵉ — | | 56 |
| 41ᵉ — | La porte de la salle d'école. | 57 |
| 42ᵉ — | Les fenêtres | 58 |
| 43ᵉ — | La chaise. — Le boulier. — Les boutons. | 59 |
| 44ᵉ — | Le balai. L'arrosoir. La brosse. Le peigne | 60 |
| 45ᵉ — | Sur quelques parties du corps | 62 |
| 46ᵉ — | Le lavoir. La cuvette. L'éponge. Le savon. — Le chandelier | 63 |
| 47ᵉ — | Les garçons et les filles. | 64 |
| 48ᵉ — | Le fouet. — La poupée. | 65 |
| 49ᵉ — | | 67 |
| 50ᵉ — | Le parapluie. — Le parasol | 68 |
| 51ᵉ — | La corbeille. Le panier. Le mannequin. — Le poêlon (la poêle) | 69 |
| 52ᵉ — | Le pot. L'assiette. La tasse. La cuiller. Le moulin à café. — La passoire | 71 |
| 53ᵉ — | Les métiers | 72 |
| 54ᵉ — | Le cirage. — L'argent | 73 |
| 55ᵉ — | L'œuf. — Les légumes. | 74 |
| 56ᵉ — | Plantes qu'on mange en salade. — Plantes qui servent d'assaisonnement. — Quelques autres productions du jardin | 75 |
| 57ᵉ — | Les fleurs. | 76 |
| 58ᵉ — | Le rouet. Le dévidoir. — Le baquet | 77 |
| 59ᵉ — | Les fruits. — Les arbres fruitiers | 78 |
| 60ᵉ — | Différentes espèces de blé. — Légumes secs. — Graines diverses. | 80 |
| Chapitre II. Intuition matérielle médiate ou indirecte | | 81 |
| 61ᵉ Exercice. (Tableau n° 1.) Meubles d'école. | | 81 |
| 62ᵉ — | — (suite) | 82 |

| | | | Pages. |
|---|---|---|---|
| 63ᵉ Exercice. | (Tableau n° 1.) Meubles d'école (suite) | | 84 |
| 64ᵉ | — | (Tableau n° 2.) Meubles ordinaires | 85 |
| 65ᵉ | — | — (suite) | 86 |
| 66ᵉ | — | — (suite) | 87 |
| 67ᵉ | — | (Tableau n° 3.) Vaisselle, ustensiles divers | 88 |
| 68ᵉ | — | — (suite) | 90 |
| 69ᵉ | — | — (suite) | 91 |
| 70ᵉ | — | (Tableau n° 4.) Batterie de cuisine | 93 |
| 71ᵉ | — | — (suite) | 95 |
| 72ᵉ | — | — (suite) | 96 |
| 73ᵉ | — | (Tableau n° 5.) Ustensiles divers | 98 |
| 74ᵉ | — | — (suite) | 100 |
| 75ᵉ | — | — (suite) | 101 |
| 76ᵉ | — | — (suite) | 102 |
| 77ᵉ | — | (Tableau n° 6.) Instruments aratoires | 104 |
| 78ᵉ | — | — (suite) | 105 |
| 79ᵉ | — | — (suite) | 107 |
| 80ᵉ | — | (Tableau n° 7.) Instruments de musique | 108 |
| 81ᵉ | — | (Tableau n° 8.) Bâtiments | 110 |
| 82ᵉ | — | — (suite) | 112 |
| 83ᵉ | — | (Tableau n° 9.) Parties intérieures d'une maison | 114 |
| 84ᵉ | — | (Tableau n° 10.) Bâtiments divers (publics) | 117 |
| 85ᵉ | — | (Tableau n° 11.) Parties intérieures d'une église | 118 |
| 86ᵉ | — | (Tableau n° 12.) L'homme | 120 |
| 87ᵉ | — | (Tableau n° 13.) Animaux divers (genre chien) | 122 |
| 88ᵉ | — | (Tableau n° 14.) Animaux sauvages (genre chat, etc.) | 124 |
| 89ᵉ | — | (Tableau n° 15.) Insectivores et rongeurs | 126 |
| 90ᵉ | — | — (suite) | 127 |
| 91ᵉ | — | (Tableau n° 16.) Animaux du genre cerf | 129 |
| 92ᵉ | — | (Tableau n° 17.) Ruminants | 130 |
| 93ᵉ | — | (Tableau n° 18.) Ruminants et bêtes à peau épaisse | 131 |
| 94ᵉ | — | — (suite) | 133 |
| 95ᵉ | — | (Tableau n° 19.) Oiseaux de proie. — (Tableau n° 20.) Laniers, hiboux et rapaces | 135 |
| 96ᵉ | — | (Tableau n° 21.) Hirondelles, alcyons et grimpeurs | 136 |
| 97ᵉ | — | (Tableau n° 22.) Omnivores | 138 |
| 98ᵉ | — | (Tabl. nᵒˢ 23 et 24.) Oiseaux chanteurs | 139 |

| | | | Pages. |
|---|---|---|---|
| 99ᵉ Exercice. | (Tableau n° 25.) Gallinacés | | 141 |
| 100ᵉ — | (Tableau n° 26.) Poules sauvages | | 143 |
| 101ᵉ — | (Tableau n° 27.) Oiseaux de marais et oiseaux aquatiques | | 144 |
| 102ᵉ — | (Tableau n° 27 *suite*) — | | 145 |
| 103ᵉ — | (Tableau n° 28.) Amphibies et reptiles | | 147 |
| 104ᵉ — | (Tableau n° 29.) Animaux aquatiques et autres | | 149 |
| 105ᵉ — | (Tableau n° 29 *suite*) — | | 150 |
| 106ᵉ — | (Tableau n° 30.) Insectes | | 152 |
| 107ᵉ — | (Tabl. nᵒˢ 31, 32 et 33.) Plantes vénéneuses | | 154 |
| 108ᵉ — | (Tabl. nᵒˢ 34, 35 et 36.) — (*suite*) | | 156 |
| 109ᵉ — | (Tableau n° 37.) Fleurs d'hiver | | 157 |
| | (Tableau n° 38.) Fleurs de printemps | | 157 |
| 110ᵉ — | (Tabl. nᵒˢ 39 et 40.) Fleurs d'été | | 158 |
| 111ᵉ — | (Tableau n° 41.) Fruits à pepins | | 160 |
| 112ᵉ — | (Tabl. nᵒˢ 42 et 43.) Fruits à noyaux | | 162 |
| 113ᵉ — | (Tableau n° 43.) Fruits bacciformes | | 164 |
| 114ᵉ — | (Tableau n° 44.) Fruits bacciformes et plantes grimpantes | | 166 |
| 115ᵉ — | (Tableau n° 45.) Fruits charnus | | 167 |
| | (Tableau n° 46.) Plantes potagères | | 168 |
| 116ᵉ — | (Tabl. nᵒˢ 46, 47 et 48.) — (*suite*) | | 169 |
| 117ᵉ — | (Tableau n° 48.) Plantes économiques | | 171 |
| | (Tableau n° 49.) Plantes légumineuses | | 171 |
| 118ᵉ — | (Tabl. nᵒˢ 50 et 51.) Plantes économiques | | 172 |
| 119ᵉ — | (Tabl. nᵒˢ 51 et 52.) — (*suite*) | | 175 |
| 120ᵉ — | (Tableau n° 52.) — (*suite*) | | 177 |
| | (Tableau n° 53.) Plantes fourragères | | 177 |
| 121ᵉ — | (Tableau n° 54.) Espèces de blé | | 178 |
| 122ᵉ — | (Tabl. nᵒˢ 54 et 55.) — (*suite*) | | 181 |
| 123ᵉ — | (Tabl. nᵒˢ 56 à 60.) Arbres et arbrisseaux | | 182 |
| 124ᵉ — | (Tableau n° 58.) Arbres forestiers | | 185 |
| 125ᵉ — | (Tableau n° 59.) Arbres et arbrisseaux | | 187 |

FIN.

www.ingramcontent.com/pod-product-compliance
Lightning Source LLC
Chambersburg PA
CBHW060516090426
42735CB00011B/2247